여자야 일어나 함께 가자

여자야 일어나 함께 가자

초판 1쇄 인쇄 2024년 4월 10일
초판 1쇄 발행 2024년 4월 12일

지은이 김금의
펴낸이 박세희

펴낸곳 (주) 도서출판 등대지기
등록번호 제2013-000075호
등록일자 2013년 11월 27일
주 소 (153-768) 서울시 가산디지털2로 98.
2동 1110호(가산동 롯데IT캐슬)
대표전화 (02)853-2010
팩스 (02)857-9036
이메일 sehee0505@hanmail.net

편집 디자인 박세원

ISBN 979-11-6066-104-0

여자야 일어나
함께 가자

김금의 지음

동대지기

밀양성결교회

우리가족 특송(1986년)

처음 하나님 음성을 들었던 곳 (내 신앙의 두 기둥 중에서)

마산상남교회

찬양대 봉사를 그만두려고 할 때 (찬양 대원으로 봉사하며 중에서)

꿈을 통해 인도하신 하나님 (너의 승진 내가 한다 중에서)

길가에교회

2010년 입교~현재까지

백합 권사 중창단 (찬양대원으로 봉사하며 중에서)

여자야 일어나 함께 가자 (아가서 중에서)

성탄칸타타(2023년)

작가의 말

†

하나님의 동행

어릴 때 부모님을 따라 절에 가서 불공을 드린 기억이 있습니다. 어른이 된 후에 삶이 녹록하지 않았습니다. 사방이 막힌 울타리에 갇혀 쳐다볼 곳은 하늘밖에 없었습니다. 중 1 때 의형제를 맺은 언니의 선물, 신약성경과 아버지가 나를 낳기 전날 밤에 꾼 꿈의 사연을 듣고 35세에 기독교로 바꾸었습니다. 나는 양이라 목자이신 예수님을 따라가는 것이 옳다고 생각했습니다.

교회에 나가기만 했는데 하나님의 첫사랑은 불이었습니다. 구약 성경 아가서 말씀을 두 번이나 주셨습니다. 생시에 내 몸을 감고 있던 뱀이 떠나가는 환상도 보았습니다. 하나님께서는 나의 작은 신음에도 응답하시며 푸른 초장으로 이끌어 주셨습니다. 무엇보다도 나의 영적 체험이 성경에 그대로 있어 천하 만물이 하나님의 주권 아래 있음을 확신하게 되었습니다. 성경에는 인류를 향한 하나님의 사랑이 흐릅니다.

나는 하나님 아버지의 뜻을 알지 못하는 현대판 탕자였습니다. 신비로운 하나님의 사랑에 들떠 혼자만 누리고 살았습니다. 심지어 하나님의 책망에도 꿈쩍하지 않았습니다. 그래도 하나님께선 걷지 못하는 나를 등에 업고 여기까지 동행하셨습니다. 복음의 열매 없이 40여 년이 흐른 뒤에야 뉘우치며 이 글을 쓰게 되었습니다. 주저리주저리 신앙 간증을 읽고 한 사람이라도 하늘나라 시민이 될 수 있다면 감사할 따름입니다. 책의 주 내용은 신앙에 관한 글이고 그 외 가족사랑, 나의 발자취가 실려 있습니다.

늙은이의 잔소리를 글로 표현할 수 있게 해 주신 문학풍경 작가회 대표, 장석영 교수님께 경의를 표합니다. 책을 편찬하는 과정에서 꼼꼼하게 지도해 주신 전대선 선생님, 같은 길을 걸으며 격려해 주신 문우님께도 감사드립니다. 항상 나의 버팀목이 되어 준 우리 가족에게 깊은 사랑을 전합니다.

2024년 봄 다산동에서

김금의

추천사

†

맑은 영혼의 소유자

목사 이인호

저자는 맑은 영혼의 소유자입니다.

그의 신비한 영적 체험은 매우 독특하여 일반화할 수 없습니다. 꿈이나 환상 중에 뱀을 죽이고 기도 중에 심각한 병이 치유되는 체험도 하였는데, 이는 그의 자라온 환경이 얼마나 깊숙한 무속 신앙의 분위기이었는지를 말해 주고 있습니다. 동시에 예수 그리스도 안에서 그의 영이 새롭게 깨어나고 있었는지도 보여 줍니다. 이런 신앙의 형태가 때로는 잘못된 방향으로 흐를 수 있으나 하나님께서는 말씀으로 그를 이끌어 가셨습니다.

신유의 은사로 병 고침을 받은 집안 어른들이 당장은 기뻐하고 감사하지만, 점점 하나님에게서 멀어져가는 것을 보고 신비한 경험의 한계성을 인식하는 저자의 깨달음은 매우 중요한 점을 시사합니다. 신비 체험은 말씀 중심의 신앙으로 연결되어야 합니다.

하나님의 은혜는 많이 받았어도 상실과 상처가 없는 삶이 어디 있겠습니까. 문제는 이를 다루는 방식입니다. 삶의 고난 속에서도 저자는 끝까지 하나님을 붙잡았습니다. 그 어떤 것도 그의 믿음을 흔들어 넘어뜨리지 못했습니다. 하나님과의 확실한 만남이 있었기 때문입니다. 성공이나 실패나, 행복이나 불행이나 그 모든 것을 재료로 삼아 합력하여 선을 이루시는 하나님을 찬양합니다.

저자는 어린 시절부터 지금까지의 여정을 소개하면서 심지어 하나님을 믿지 않았을 때에도 그 모든 일이 하나님의 인도하심이었음을 발견하고 놀랍니다. 만세萬世 전부터 자기를 아시고 때가 되어 당신의 자녀로 부르신 하나님의 섭리에 감사합니다. 노년이라 이름 지어진 나이에도 저자는 소녀처럼 감성이 살아 있습니다. 그 순수함이 모든 상황을 긍정적으로 바라보게 하는 힘이 됩니다. 이 또한 하나님의 은혜입니다.

이 책을 통하여 순수한 영혼의 발자취를 보게 될 것입니다. 그 길에서 그가 경험한 하나님을 느끼며 만나게 될 것입니다. 하나님 살아 계심의 증거인 그의 삶의 노정에서 잔잔히 흘러나오는 감사의 찬송 소리를 듣게 될 것입니다.

차례

차례

5장 나의 발자취

1장
하나님의 초대

†

내 이름은 금의錦義

많은 사람은 어릴 때 집안 어른의 종교를 따라서 믿게 된다. 사월 초파일, 아버지를 따라 남해 금산에 있는 보리암 절에 간 기억이 있다. 할아버지 형제 두 분은 절에서 불공을 드려 아들을 얻었다는 얘기도 들었다. 학창 시절, 환경조사서 종교란에 불교라고 적었다. 그 후, 지인으로부터 교회에 나갈 것을 여러 번 권유받았으나 한 귀로 듣고 흘려 버렸다. 종교는 똑같은데 지조 없이 왜 바꿔야 하는지 이해할 수 없었다. 그랬던 내가 결혼 후 자녀를 둘 낳고, 서른 세 살에 출생에서 현재까지 있었던 사건의 퍼즐이 맞추어지면서 종교를 바꾸려는 마음을 먹었다. 불교에서 기독교로 바꾼 가장 큰 이유는 내 이름 때문이다.

내 이름은 김금의金錦義, 경상도 발음으로는 '금' 자부터 '검'

자로 말하게 된다. 누가 이름을 물으면 금요일 '금', 의사라고 할 때 '의' 자로 말해야 상대방이 정확하게 알아듣는다. 어떤 사람은 김금희, 김금이, 심지어는 이금희로 부른다. 대학 다닐 때 학생회 부회장에 출마하여 낙선된 후, 아버지께 "내 이름을 왜 이리 어렵게 지었느냐?"라고 불평했다. 개표에 참여한 친구들이 이름이 특이하여 무효표가 23표나 나왔다고 아쉬워했다. 사실 무효표를 다 합쳐도 역전이 어려운 표 차이었는데 선거에 낙선한 화살을 아버지께 돌리고 있었다.

아버지는 너를 낳기 전날 밤, 자신이 꾼 꿈대로 이름을 지었다고 했다. 창선중 · 고등학교 인근에는 옥천 동네 쪽에서 흐르는 큰 시내가 있다. 비가 오지 않을 때는 시냇물이 말라 사람이 다닐 수 있었다. 그곳에서 신령한 할아버지가 나타나 '빛이 나는 흰 양'을 아버지 품에 안겨 주었다고 한다. 그다음 날, 아기가 태어나서 꿈과 깊은 관련이 있다고 생각하여 이름을 지었다고 한다. 아버지가 양을 받았으므로 내 아我 자와 양 양羊 자를 합하여 옳을 의義 자는 쉽게 만들었으나 가운데 글자가 어려웠다고 했다. 양이 하도 희고 광채가 나서 흰 백白 자나 빛 광光 자를 넣으려다 딸아이 이름으로는 마땅하지 않아 고심했다고 한다. 그 당시 무명옷보다 광이 나는 비단 옷감이 생각나 비단 금錦 자를 넣어 김금의金錦義로 짓게 되었다고 했다. 아버지의 말씀을 듣고도 내가 선거에 낙선한 아쉬움이 가시지 않아 이름에 대한 깊은 뜻은 마음에 담지 않았다.

내가 중학교에 입학했을 때 의형제를 맺은 언니가 작은 신약성경을 선물로 주었다. 나는 언니나 오빠가 없어 외로웠고 다른 사람으로부터 처음 받은 선물이라 읽지는 않으면서 이사 때마다 챙기는 귀중한 물건이었다. 고등학교 때, 반 친구가 성경이 세상에서 가장 좋은 책이라고 하여 큰 기대 속에 펼쳤다. 하지만, 첫 장부터 잘 알지도 못하는 외국 사람들의 족보로 누구는 누구를 낳고, 낳고…. 하는 내용뿐이었다. 나는 이것이 어떻게 가장 좋은 책이냐고 불평하며 덮어 버렸다.

오랜 세월이 흐른 뒤, 자녀를 둘 낳고 직장생활을 하면서 매우 힘들었다. 그 와중에 직장 상사의 이해되지 않는 지적과 언행으로 잠을 이루지 못했다. 분노가 분노를 불러와 가슴이 터질 것 같았다. 밤을 꼬박 지새우다 새벽녘에 먼지가 자욱하게 쌓인 성경을 펼치게 되었다. 예수님께서 "나는 선한 목자라 선한 목자는 양들을 위하여 목숨을 버리거니와."(요 10:11)라는 성경 구절에서 눈이 멈추었다. 그와 동시 오래전 아버지에게 들었던 내 이름을 지은 사연도 생각났다. 아버지가 양을 받았다면 나는 '양'이라 내가 선한 목자, 예수님을 따라가야 한다는 생각이 들었다. 내가 예수님을 따라가면 다른 사람과의 관계에서도 이렇게 괴로워하지 않고 평화를 얻을 것 같았다.

평소, 내가 종교를 바꾼다는 생각은 어림도 없는 일이었다. 그날따라 정신적 고통에서 헤어나지 못하다 지푸라기라도 잡고 싶은 심정으로 성경 속에서 예수님을 알게 되었다. 회장단 선거에서 낙선한 일, 내 이름에 대한 아버지의 꿈, 직장 상사와의 갈등, 의형제 언니의 선물 등이 한 덩어리가 되어 개종을 생각하게 되었다. 영국의 청교도, 바바소 포웰은 '고난은 하나님의 심부름꾼'이라고 말하고 있다.

†

점쟁이의 말

내가 기독교를 믿게 된 것은 내 이름에 대한 사연뿐만 아니라, 점쟁이의 말도 한몫했다. 60년대 중반, 대학 졸업과 동시 마산 월포초등학교에 발령받아 근무하고 있을 때의 일이다. 어느 휴일 친구가 놀러 와서 우리 언제 시집가면 좋은지 알아보자고 하여 점집에 갔다. 친구는 먼저 점쟁이에게 태어난 년, 월, 일과 시를 말하고 점을 보았다. 아마 결혼에 대한 궁금증을 묻고 답을 얻었으리라 짐작할 뿐이다. 그러나 점쟁이가 나에게 한 말은 지금도 귀에 생생하다. “아! 이 사람, 초년고생이 많구나. 이 집에는 악한 귀신이 많아서 되는 일이 없어. 그래도 이 사람만은 천신이 도와 괜찮아.”라고 눈을 감고 얼굴을 흔들며 말했다. 난생처음 들어보는 점쟁이 말이 신기했고 듣고 보니 틀린 말은 아닌 것 같았다.

내 어릴 때, 우리 집에는 불행한 사건이 연달아 일어났다. 어머니는 28세 젊은 나이에 병을 앓다 돌아가시고 아버지는 실직과 사업 실패, 몇 차례의 화재 등으로 인생사 부침을 거듭했다. 그럴 때마다 젊은 나이에 돌아가신 어머니의 영혼을 달래야 한다며 무당을 불러 굿을 많이 했다. 이후로 아버지는 재혼하여 아래로 4남 1녀를 두고 조부모님과 함께 대가족을 이루며 살았다. 우리 집은 논, 밭이 있어 먹는 것은 어려움이 없었으나 돈은 귀했다. 그래도 할아버지께서는 누구든지 학교에 합격만 하면 공부시켜 주겠다고 우리에게 꿈을 심어주셨다.

그 당시 딸아이는 대부분 초등학교 졸업으로 끝났다. 특히 집을 떠나 객지에 나가서 공부한다는 것은 딸자식을 망치는 것으로 생각했다. 그래도 나는 할아버지의 응원에 힘입어 진주에서 고등학교와 대학을 졸업했다. 또, 초등학교에 근무하면서 중등교사 자격 검정고시에 합격하여 중등학교로 이동하였고 특수학교 교사 자격 검정고시를 치르고 특수학교에도 근무했다. 어느 지인은 김 선생은 날아다닌다고 칭찬하기도 했다. 내 앞길이 잘 풀리는 것은 돌아가신 엄마가 나를 돕는다고 믿었는데 '천신이 나를 돕는다.'라는 의외의 말을 듣고 놀라기는 했으나 큰 의미는 두지 않았다.

그즈음에 어른들을 따라 믿었던 불교에 대한 회의가 생긴 사건이 일어났다. 사월 초파일, 연휴를 맞아 가족의 행운을 빌기 위해 절을 찾았다. 남편은 아이들을 돌보고 나는 혼자서 강을 건너고 산길을 걸어 어렵게 도착했다. 보살 할머니 한 분이 계셨는데 반갑게 맞아 주었다. 나도 정성을 다하여 불공을 드렸다. 집으로 돌아가기 힘들어 하룻밤을 그곳에서 묵었다. 보살 할머니는 전에 자신이 사용한 염주도 주면서 농 밑에 깔아 두라고 하였다. 어릴 때 아버지를 따라 절에 간 후, 처음 찾은 절의 분위기가 따뜻하여 잘 왔다는 생각도 들었다. 내 어릴 때 악한 신을 쫓는 문지방 위, 부적이 생각나서 한 장 주문하고 집으로 돌아왔다.

집에 도착하여 남편에게 부적에 관한 얘기를 했더니 쓸데없는 짓을 했다고 핀잔을 놓았다. 또, 남편 생일과 태어난 시도 잘못 말했다고 했다. 70년대에는 집에 전화가 없어 사전에 상의할 수 없었고, 취소하기도 어려웠다. 남편의 생각과 내 생각이 다르고 남편의 생일도 틀려 부적이 효과가 없을 것 같아 난감했다. 또, 그 먼길을 다시 가는 것도 힘들고 보살 할머니에게 부적을 취소하려니 죄송스러워 마음고생이 심했다. 무거운 발걸음으로 다시 오가면서 나는 지금 무엇을 하고 있는지? 나에게 묻고 있었다.

이 일이 있고 난 뒤, 결혼 전에 들었던 점쟁이의 말을 다시 되새겨 보았다. 그동안 친정집에서 일어난 사건들을 생각하니 악령이 많은 것이 사실이었구나 싶었다. 넉넉하지 못한 가정 형편에 여식인 내가 대학까지 공부할 수 있었던 것은 기적에 가까운 일이었다. 또, 점쟁이가 말한 '천신이 돕는다.'는 말이 생각나면서 천신은 하늘의 신, 하나님이 아닐까? 그렇다면 나는 교회에 나가야 한다는 생각이 들었다.

사람의 지혜로 각 종교의 깊은 뜻을 헤아릴 수는 없다. 그러나 '신은 죽지 않았다.'는 영화에서 신은 존재하며, 그 신이 사람에게 선택권을 준다고 시사하고 있다. 내가 친구와 함께 점을 보고 들었던 말, 절에서 부적을 쓰려다 마음고생을 한 것, 내 이름에 대한 사연 등이 짜깁기되면서 기독교를 택하려고 마음을 먹게 되었다.

†

하나님의 초대

기독교를 내 종교로 삼아야겠다는 마음을 정한 지는 오래 되었다. 삶을 되돌아보면서 교회에 나가야 할 명분을 찾게 되었고 하나님의 보살핌을 받고 있다는 것도 무의식중에 느껴졌다. 직장생활과 가정생활의 두 마리 토끼를 잡기에는 너무 힘들어 우선 여섯 살 딸아이만 교회에 보냈다. 사실 나는 두 아이 대학 보낸 후에 교회에 가려고 했다. 그런데 직장에서 뜻밖의 다툼이 생겨 그 이듬해 교회에 첫발을 디디게 되었다. 내 생각보다 20여 년 앞당겨진 셈이다.

70년대 말, 나는 경남 밀양읍 면 소재지에 있는 상동중학교에 근무했다. 점심시간이 되면 인근 식당에서 교사들의 밥을 가져왔다. 주인아주머니가 혼자 배식하여 빨리 먹고 싶어 내가 국 뜨는 일을 도왔다. 몇 선생님에게 국그릇을 건네고 내 것을 챙기려고 해도 연달아 오는 선생님 때문에 내 차례는 마지막이 되고 말았다. 그때는 젖먹이 아기가 있어서인지 배고픔을 참는 것이 힘들었고, 속상했다.

배식을 끝내고 허겁지겁 풋고추를 막장에 찍어 먹었는데 연세 많은 남 선생님이 뜻밖의 말을 걸어왔다. "아따! 김 선생은 고추 참 좋아하네."라고 했다. 나는 그 말을 듣는 순간, 이미 화가 나 있는 데다 내가 놀림을 받는다는 생각에 말을 거칠게 받았다. 그 선생님을 나쁜 사람으로 몰아 변명할 기회도 주지 않고 화를 쏟아부었다. 그런 와중에도 나는 밥을 다 먹었는데 그 선생님은 밥을 먹지 못했다고 나중에 다른 선생님이 귀띔해 주었다. 평소, 그분은 종일 있어도 말 한마디 할까 말까 할 정도로 점잖은 사람이었다. 아마도 내가 배식을 돕는 일이 보기 좋아서 친근감을 느끼고 한마디 했다가 젊은 여교사에게 봉변당한 것이다.

다툼이 있고 난 후, 연세 많은 선생님께 죄송하여 공손히 인사해도 받아 주지 않았다. 선생님의 표정은 몇 겹으로 얼어붙은 빙판 같아서 내 미안한 마음으로는 꿈쩍도 하지 않았다. 어쩌다 선생님과 만나기라도 하면 쌀쌀한 눈길이 무섭기도 했다. 그때 내가 왜 그렇게 화를 냈는지? 후회와 더불어 나의 어리석음을 여러 사람에게 보인 것 같아 몹시 괴로웠다. 그런데 하필이면 신학기를 맞이하여 내 자리가 그 선생님과 가까운 자리로 배정되어 마음이 무거워 어쩔 줄 몰랐다. 겉으로는 아무 일 없는 것처럼 행동하면서도 자리가 가시방석이었다. 선생님이 교회에 나간다는 것을 알고 있었기에 딸아이 교회에 나가는 이야기, 성탄 축하 행사 때 한복을 사 준 얘기 등으로 내심 화가 풀리기를 바라고 있었다. 한편으로는 내가 아무리 잘못했다 하더라도 교회에 나가는 사람이 용서할 줄 모른다는 생각이 들어 야속하기도 했다.

그러던 어느 날 "내가 밀양읍으로 이사를 한다."고 옆 사람에게 얘기했더니 나와 다툰 선생님이 약 1년 만에 말했다. "김 선생, 밀양읍으로 이사 오면 우리 교회에 나와야 합니다."라고 했다. 나는 그 선생님이 무서워 그만 "예"라고 답하고 말았다. 얼떨결에 대답은 했지만, 마음고생이 심했다. 아무리 생각해도 교회에 나갈 형편이 아니었다. 그때는 아이들을 맡길 곳이 없어 초등학교를 졸업한 꼬마가 같이 살며 놀아 주고 있었다. 토요일에도 정상 근무하고 일요일에 일직도 했다. 나는 그 선생님께 용기를 내어 다음 기회에 꼭 나가겠다고 말하고 싶었다. 그러나 하나님께서는 새로운 문을 열고 나를 인도하셨다. 내가 지금 불순종하면 집안에 큰 사고라도 일어날 것 같은 불안한 마음이 들어 다툰 선생님의 교회에 약속대로 나가게 되었다.

성경에 "사람이 마음으로 자기의 길을 계획할지라도 그의 걸음을 인도하시는 이는 여호와시니라."(잠언 16:9)라는 말씀이 있다. 나는 하나님의 손바닥 안에서 뛰고 있었다. 하나님께서는 내 생각보다 훨씬 앞당겨 부르셨다.

2장
영적 체험

†

내 신앙의 두 기둥

교회를 향하는 내 마음은 어려운 결단이 필요했다. 주일은 직장을 가진 엄마로서 쉬고 싶은 날이고 가족은 나만 바라보는 날이기도 하다. 그래도 지금, 하나님께서 나를 부르신다고 생각되었기에 교회에 첫발을 디뎠다. 내 기억으로는 중학교 때 친구 따라 교회에 간 것이 전부라 미지의 세계를 탐험하는 사람처럼 호기심도 있었다.

내가 처음 나간 교회는 밀양시 동문 안에 있는 밀양성결교회였다. 교회가 크지 않아 가족 같은 분위기였고 환영하는 박수 소리도 컸다. 어릴 때, 아버지 따라 절에 갔을 때의 분위기와 영 달랐다. 목사님은 연세가 많으셨으나 설교 말씀은 우렁차고 교우들도 찬송을 크게 불렀다. 시간이 지날수록 예배에 적응하지 못하고 목사님의 설교 말씀은 호통치는 소리로, 성도들의 찬양도 시끄러워 거부감이 생겼다. 다른 교회는 어떤지 궁금하여 지인이 다니는 큰 교회에 가보고 싶었다. 나를 전도한 선생님이 섭섭하게 여길 수도 있으나 내가 교회에 정을 붙이는 것이 더 중요하다는 생각이 들었다.

오늘만 참석하고 다음부터 다른 교회에 가야지, 마음으로 결정하고 교회 입구를 들어서는데 하늘에서 큰 소리가 들려왔다. "네가 앞으로 얼마나 헌금을 할지 모르지만, 이 작은 교회에 하라."고 했다. 생각지도 않은 너무 순간적인 일이라 처음에는 내 귀를 의심했다. 소리 난 곳을 쳐다보니 교회 입구에 있는 큰 나무 위, 하늘이었다. 내가 다른 교회에 가보겠다고 마음으로 결정한 순간, 대답하듯 들려온 말이었다. 내가 말한 것도 아니고 생각한 내용을 알고 답하는 것은 분명 사람은 아니었다. 어머, 교회라는 곳이 이렇게 신기한 곳인지? 난생처음 겪는 신비함이었다. 나는 순간에 있었던 일을 되새김질하면서 분명 교회에 신이 있다는 생각이 들었다. 신은 내 마음을 꿰뚫어 보고 내가 처음 나온 이 교회에 다녀야 한다고 일러 주는 말이었다. 그런데 이상하기도 했다. 내가 교회에 헌금할 마음도 없는데….

신기한 체험을 하고 나니 교회가 새롭게 보이고 나의 태도도 확 달라졌다. 목사님의 설교는 나를 인도하는 말씀으로 들리고, 나도 어느새 성도들을 따라 큰 소리로 찬양하고 있었다. 하나님의 사랑을 받는다고 생각하니 무엇이든지 할 수 있다는 자존감이 하늘을 찔렀다. 성경 암송 대회에도 참가하여 상도 받았다. 핑계 삼았던 자녀 양육 문제, 직장인으로서 바쁘다는 부정적 생각도 사라졌다. 하나님께서 내가 품은 생각을 알아주고 인도하신다는 기쁨이 나를 전혀 다른 사람으로 바꾸어 놓았다.

주일 예배는 물론이고 수요예배, 새벽예배에도 빠지지 않았다. 어느 새벽에 늦잠을 자는 바람에 예배 시간이 임박하여 헐레벌떡 일어나 교회로 향했다. 횡단보도를 건너 골목길로 들어서는데 하늘에서 웅장한 찬양대의 합창 소리가 들려왔다. 어머! 이 새벽에 어디에서 이런 아름다운 음악이? 이상하다고 느끼면서도 가는 길이 바빠 뛰었다. 교회에 도착하니 찬양은 이미 끝나고 성경 말씀을 읽고 있었다. 조금 전 들었던 찬양 소리가 새벽 예배 때 부른 성도들의 찬양이었을까 하는 생각도 했다.

하늘에서 들려온 감미로운 음악, 그 소리가 다시 듣고 싶어 새벽 기도 갈 때마다 귀를 쫑긋 세워도 두 번 다시 들리지 않았다. 며칠 동안 궁금증이 해결되지 않아 아름다운 찬양을 들었던 곳에서부터 교회까지 숨을 죽이고 다녔다. 교회에서 부르는 찬양은 교회에 거의 다다랐을 때 들렸고 목소리도 매우 달랐다. 다른 성도도 기도 중에 하늘나라에서 부르는 아름다운 찬양을 들었다고 한다.

지금 와서 생각하니 교회에 처음 발을 디뎠을 때 내가 생각지도 않은 헌금 이야기나 새벽하늘에서 들린 찬양은 계시적 뜻을 지니고 있었다. 내 삶을 축복으로 이끄시는 하나님의 인도하심이었다고 생각한다. 젊은 날, 직장에 세 번이나 사표를 내려고 할 때마다 하나님께서 말려 정년퇴직했다. 매달 받는 연금이 노후 생활을 풍요롭게 한다. 수입의 십일조를 교회에 바쳐야 하는 문제로 의견이 분분하다. 나의 경우, 내 수입의 전부가 하나님의 것이라는 생각이 들어 감사한 마음으로 드린다.

또, 찬양이 내 신앙생활에 힘이 되었다. 찬양의 위력으로 몸을 감고 있던 큰 뱀을 죽일 수 있었고 친정아버지의 병마가 낫는 기적도 체험했다. 신앙생활 도중, 찬양대를 그만두려고 할 때도 하나님께서 책망하셔서 코로나19가 있기 전까지 40여 년간 찬양대로 봉사했다. 죽음의 문턱을 밟고 하늘나라 갔을 때 하나님 앞에 자랑하고 싶은 것은 헌금과 찬양이다. 이것 또한 하나님의 인도하심과 은혜였다.

†

하나님의 선물

직장 동료의 전도를 받고 교회에 출석했으나 예배 시간이 매우 지루했다. 어떤 때는 목사님의 설교는 귀에 들어오지 않고 졸음까지 왔다. 매주 주일 예배와 수요예배는 왜 그렇게 빨리 다가오는지. 나를 전도한 선생님 때문에 안 나갈 수도 없고 나가자니 교회에서 보내는 시간이 아깝고 얻는 것도 없었다. 그러나 교회 장로 장립 축하 예배에는 참석하려고 마음먹었다.

내가 세 들어 사는 주인집에 가사를 돕는 지적 장애우가 있었다. 그녀는 우리 교회 행사에 참석하고 싶다고 같이 가자고 했으나 나는 대답도 하지 않았다. 얼굴 모습이나 옷차림이 보통 사람과 달라 길을 가면 많은 사람이 쳐다보았기 때문이다. 머리카락은 쭈뼛쭈뼛하고 코가 흘러도 닦지 않았으며 겉옷은 짧고 속옷이 바깥으로 보이도록 입었다. 그녀는 나를 기다리다 지쳐 먼저 가면서 자리를 잡아 놓을 테니 빨리 오라고 했다. 나는 그녀를 업신여겨 대답도 하지 않았는데 내 속마음도 모르고 자리를 잡아 준다니 양심의 가책이 느껴졌다. 미안한 마음에 나는 그녀 옆에 반드시 앉겠다는 마음을 먹었다.

일을 서둘러 끝내고 교회에 들어서니 이미 많은 사람으로 가득했다. 그녀는 맨 앞줄에 앉아 내가 혹시 자기를 보지 못할까 봐, 앉지도 서지도 못한 채 엉거주춤하게 서 있었다. 나는 많은 사람의 시선이 부끄럽고 창피했으나 그녀를 업신여긴 것을 뉘우치며 옆에 가서 앉았다. 그때 두 장로님이 취임하였는데 안내장을 보니 교회 다닌 경력이 30년, 40년이었다. 나는 오늘 처음으로 내 생각을 내려놓고 그녀 옆에 앉았는데, 저분들은 그동안 얼마나 하나님의 뜻을 따라 살았을까! 강단에 앉은 두 장로님이 존경스럽고 거룩한 모습으로 다가왔다. 그 거룩함에 비하면 오늘의 행사가 너무 초라한 것 같았다.

그 사람 옆에 앉아 있는데 나도 모르게 눈물이 핑 돌았다. 눈물은 그칠 줄 모르게 흘렀으며 가슴에는 불을 피운 것처럼 따뜻한 기운이 돌았고 나중에는 시원하기까지 했다. 평소 나는 가슴이 답답하여 직장에 결근한 적도 있었다. 가슴을 누르고 있던 무거운 돌 같은 것이 사라졌다. 내가 세상의 가치관에서 벗어나 다른 세상 사람이 된 것 같았다. 내가 체험한

이 뜨거움, 아니 시원함이 그때는 무엇이었는지 알 수 없었다. 사도행전 2장 38절 말씀에 “베드로가 이르되 너희가 회개하여 각각 예수 그리스도의 이름으로 세례를 받고 죄 사함을 받으라. 그리하면 성령의 선물을 받으리니.”라고 기록되어 있다. ·

그녀는 사람들의 놀림거리였으나 하나님께서는 귀한 사람으로 여기셨다. 하나님을 향한 그녀의 불같은 마음이 내게 옮겨붙었다고 생각한다. 회개는 자기 잘못을 생각하는 것에서 끝나지 말고 반드시 행동이 따라야 진정한 회개라고 한다. 내가 그녀 옆에 나란히 앉은 작은 행함이 이렇게 큰 변화를 불러오리라고 생각지 못했다. 나는 그녀 덕분에 회개하고 ‘성령의 선물’을 받았다고 여긴다.

성부, 성자, 성령은 삼위일체이다. 성령은 성부 하나님과 성자 예수님께 종속되지 않고 동등한 신적 인격을 말한다. 성령은 자동차의 엔진에 비유되는 믿음 생활의 동력이고 하나님의 선물이다. 성령을 받지 못하면 오랫동안 신앙생활을 해도 믿음을 갖지 못하고 성전 뜰만 밟는 사람이 될 수 있다. 누가복음 11장에 “너희가 악할지라도 좋은 것을 자식에게 줄 줄 알거든 하물며 너희 하늘 아버지께서 구하는 자에게 성령을 주시지 않겠느냐?”라고 반문하고 있다. 하나님께서 구하는 자에게 성령을 주시려고 예비하고 있는 대목이다. 나는 그때 받은 ‘성령’의 힘으로 하늘나라를 바라보며 걸어가고 있다.

†

귀신을 쫓아내며

텔레비전에서 '전설의 고향'을 방영할 때 귀신을 보았지만 정말 귀신이 있는지 아니면 전설에 불과한 것인지 아리송했다. 더구나 교회는 무속 신앙과 거리가 멀어 교회에서 귀신 이야기를 한다는 것은 생각 밖의 일이었다. 그러나 나는 교회를 다닌 후부터 꿈속에서 귀신이 나를 보면 숨었고 손에 막대기가 쥐어져 죽일 수 있었다. 귀신은 하나님과 원수 되는 사탄의 무리 중 악령의 졸병이라고 한다.

교회 나간 지 얼마 되지 않았을 때의 일이다. 친정아버지께서 편찮으시다는 소식을 듣고 문병 가려고 마음먹은 전날 밤, 귀신 꿈을 꾸었다. 다른 동네 귀신이 친정 동네에 온다는 소문이 돌았다. 나는 귀신이 오면 그냥 두지 않겠다고 팔을 걷어붙이고 마루로 나왔다. 귀신은 사람의 모습이었고 중년

여자였다. 친정 동네에서 굿을 많이 한 집, 세 가정을 직선으로 날아다녔다. 마지막으로 친정집에 들어오면서 나와 마주쳤다.

귀신은 내 이마에 무슨 표가 있는지? 깜짝 놀라면서 말했다. "아따 이 집에는 좋은 신 모셨네, 저렇게 좋은 신 모시고 전에는 왜 우리를 불렀느냐?"고 했다." 귀신을 불렀다는 것은 무당이 굿을 한 것이라고 꿈에서 해석되었다. 귀신이 친정아버지가 있는 방으로 들어가려고 할 때 막대기로 귀신을 무참히 찔러 물리쳤다. 나는 돌아가신 엄마를 꿈에 만나도 무서워서 도망갔던 사람이다. 성경, 마가복음 16장 17절에 "믿는 자들에게는 이런 표적이 따르리니 곧 그들이 내 이름으로 귀신을 쫓아내며 새 방언을 말하며."라고 기록되어 있다.

꿈을 깨고 나니 온몸이 무겁고 피곤했으나 담담했다. 꿈에 귀신이 한 말이 생각나 불을 켜고 거울을 보았다. '내 이마에 무슨 표'가 있나 보고 만져도 보았으나 별다른 표시를 찾을 수 없었다. 또, 귀신이 몇 시에 왔나 시계를 보니 새벽 2시였다. 나는 하도 신기한 꿈을 꾸어 여러 가지 생각에 잠겼다. 내가 귀신을 대항하여 어떻게 이길 수 있었는지 귀신을 찌른 막대기는 누가 내 손에 쥐여 주었는지 알 수 없었다. 아무리 생각해도 교회를 나간 후부터 귀신을 이기는 힘이 생긴 것 같았다. 그리고 하나님의 말씀, 성경은 허구가 아니라는 생각이 들었다. 내가 체험한 것이 성경이 있기 때문이다.

다음 날 나는 친정집에 들어서자마자 어머니께 꿈 이야기를 했다. "어젯밤에 친정아버지와 의형제를 맺은 고모 집과 ㅇㅇ네 집, 우리 집에 귀신이 왔는데 내가 그 귀신을 막대기로 찔러 물리쳤어요."라고 말했다. 그리고 지금 그 사람들을 만나 어젯밤에 꾼, 꿈 이야기를 하고 싶다고 했다. 어머니는 "다른 사람이 네 말을 들으면 정신이 이상한 사람으로 여길 수 있다."고 말리셨다. 나는 꿈의 신비함에 도취하여 그대로 생생하게 전하고 싶은데 어머니는 집안 위신을 생각하여 말을 못하게 했다.

그러면서도 어머니는 두 가정의 사람을 아침 새벽시장에서 만났다고 했다. 두 집 모두, 어젯밤에 자기 집에 귀신이 와서 괴롭힘을 당했다고 말했다는 것이다. 한 집은 며느리가 밤새도록 괴상한 소리를 지르고 열이 펄펄 끓어 온 가족이 깨어나 어쩔 줄 몰랐다고 했다. 아무래도 귀신이 괴롭히는 것 같아 시어머니가 낫을 가져와 '귀신 물러가라'고 고함을 지르는 소동이 있었다고 한다. 또 한 가정의 아주머니는 며칠 전 냇가에서 빨래하다 쓰러지는 여자를 안았는데 그만 자신의 품에서 돌아갔다고 했다. 어젯밤에 그 여자 귀신이 나타나 목을 졸라 밤새워 헛소리하며 고통스러움을 당했다고 했다. 모두 새벽시장에 국거리를 사러 나와 어머니를 만나게 된 것이다. 내가 꾼 꿈대로 우리 집을 포함하여 세 가정에 귀신이 온 것이 증명되었다.

나는 어머니께 내가 꾼 꿈이 맞지 않느냐고 자신 있게 말하며, 귀신 얘기를 계속했다. 귀신이 왔던 세 가정은 굿을 많이 한 집이고 굿은 귀신을 초청하는 것이며 귀신은 초청하는 곳에 간다는 것을 말했다. 또, 귀신을 물리치려면 교회에 나가야 한다고 강조했다. 지금 생각하면 내가 체험한 것을 두 가정에 전하지 못한 것, 귀신을 쫓아내는 교회의 능력을 알려주지 못한 것이 후회스럽다.

귀신이 내 이마에 표를 보고 놀라며 좋은 신을 모셨다고 한 말도 신기했다. 내 이마의 표시는 육안으로는 볼 수 없고, 영안으로 보이는 것 같았다. 귀신을 이긴 것으로 싸움이 끝난 줄 알았지만, 그 후 그들의 복수가 끈질기게 몰려왔다. 오직 말씀과 기도로 무장하지 않으면 영적 전쟁에서 승리할 수 없다는 것을 깨달았다.

†

찬양과 신유神癒

신유神癒란 신의 힘으로 병을 고치는 일이다. 성경에는 예수님이 죽은 자를 살리기도 하고 불치의 병을 고쳐 준 기록이 있다. 제자들에게도 "모든 귀신을 제어하며 병을 고치는 능력과 권위를 주셨다."라고 누가복음 9장에 기록되어 있다. 지금도 하나님의 신, 성령의 능력으로 신유의 은사를 받은 목사님이나 사람들이 집회를 열어 병을 고치는 경우가 있다.

나는 성경에 기록된 여러 가지 신비한 체험을 한 후 성경을 그대로 믿는 믿음이 강했을 때의 일이다. 친정아버지가 위독하시다는 소식을 듣게 되었다. 서울에 있는 병원에서 폐암으로 진단을 받고 치료 중에도 가망이 없어 집에 와 있다고 하였다. 아버지를 위한 마지막 효도라고 생각하고 편지와 함께 치료비를 동봉했다. 내가 교회를 나간 후에 체험한 신비한 내용을 말하면서 교회에 나갈 것을 권했다. 그러나 편지만으로 움직이지 않으실 것 같아 아버지를 직접 만나기로 마음먹었다. 친정은 일찍 돌아가신 어머니의 영혼을 달랜다고 굿을 많이 한 집이다. 내가 꿈을 꾸면 귀신들이 우글우글했다. 혼자 힘으로는 어렵다는 생각에 교회 사찰 집사의 모친에게 도움을 청하여 함께 가기로 했다. 그는 연세가 많은 할머니 집사님이고, 오직 예배와 기도로 사는 사람이었다.

80년대 초, 삼천포창선대교도 없고 승용차가 없어 친정에 가는 교통이 여간 불편하지 않았다. 밀양에서 버스를 몇 번 갈아타고 배 타고 택시를 타야 도착할 수 있는 곳이다. 한편, 할머니 집사와 어렵게 친정에 갔다가 할아버지, 아버지께 한마디 말도 꺼내지 못하고 돌아올 것도 헤아려졌다. 하나님께서 도와주실 것을 믿다가도 금방 용기가 사라지기도 했다. 기도 중에 창선에 있는 교회에 도움을 요청하자는 생각이 들어 예고도 없이 교회로 향했다. 그때는 휴대 전화기가 없어 사전에 연락할 수 없었는데 마침 친정 동네를 지나 심방을 가려고 교회 차가 대기하고 있었다. 목사님께 말씀드렸더니 잘 되었다며 친정집에 먼저 들리겠다고 하셨다. 그렇게 마음 조이며 고생한 일이 교회 차를 타고 목사님과 함께 심방대원이 친정집으로 향했다.

집에 도착하니, 할아버지께서는 의외로 우리 일행을 환영했다. 어떤 방법이라도 아버지를 살려야 한다는 생각뿐인 것 같았다. 방에 누워 있던 아버지도 사람들이 들이닥치자 거부감 없이 겨우 일어나 앉았다. 우리는 아버지를 중심으로 빙 둘러앉아 예배를 드렸다. 예배 도중에 아버지는 계속 눈물을 흘렸다. 꿈인지 생시인지 분간할 수 없는 뜻밖의 장면이었다.

예배가 끝나고 모두가 한마음으로 아버지를 위해 소리 내어 기도했다. 목사님은 아버지에게 내일 교회에 꼭 나오라고 하였다. 나는 저 몸으로 어떻게 갈 수 있을까? 걱정이 되기도 했다. 병원에서 퇴원한 후로 줄곧 식사를 못 하셔서 큰 눈은 더 커져 무서울 정도였다. 몸도 바로 서지 못할 만큼 힘이 없었다. 아버지는 마지막으로 살길을 찾아 목사님의 말씀에 순종하였다. 겨우 몸을 버티며 예배를 드렸다.

교회에 다녀온 후 기적이 일어났다. 아버지는 점심을 먹으며 "이제 내가 밥을 먹는다."고 소리를 질렀다. 그때 동네 이장이 병문안을 와서 같이 식사하고 있었다. 모두가 놀라면서도 집안 분위기가 잔칫집이 되었다. 나는 예배의 중요성을 깨닫고 용기를 내어 저녁 예배에도 아버지와 함께 참석했다. 옆에 앉아 아버지의 얼굴을 보니 누가 봐도 중병환자였다. 나는 내일 떠나야 하는데 아쉬움이 밀려왔다. 아버지에게 힘을 실어 주고 싶어 장로님에게 예배 도중에 찬양하겠다고 말했다. 장로님은 급작스레 요청하여 안 된다고 거절했는데 목사님이 눈치를 채시고 허락하셔서 특송의 기회가 주어졌다.

나는 같이 간 집사님과 함께 272장 '고통의 멍에 벗으려고'를 불렀다. 그런데 누가 시키지도 않았는데 1절을 부르고 2

절을 부를 때 온 성도가 울었으며, 3절, 4절은 같이 불렀다. 찬양이 끝난 후 목사님은 “이 찬양을 하나님께서 받으신 줄 압니다. 아버지의 병이 나을 줄 믿는다.”고 기도했다.

애태우는 곳에 길이 열렸다. 아버지는 내가 떠난 후에 지긋지긋한 병마에서 벗어나 교회에 출석하면서 편지를 보내왔다. “주님이 나를 낫게 하셨다. 나의 병든 몸이 봄에 눈 녹듯이 없어졌다.”라는 내용이었다. 그 후 시댁 혼사 때 아버지를 만나보니 옛 얼굴과 달랐다. 얼굴에 화색이 돌고 평안한 모습이었다. 하나님의 특별한 은혜, 신유神癒의 기적이 아버지에게 베풀어진 것이다.

나는 육체적 병이 나은 것에 만족하고, 그것이 완성이라고 생각한 것을 지금까지 후회하고 있다. 그 후, 아버지는 하나님의 능력을 등에 업고 조합장 선거에 출마했다가 낙선함으로 하나님을 서서히 등지게 되었다. 하나님 말씀에 뿌리가 없는 신비한 체험이 영혼 구원에 도달하지 못한다는 것을 깨달았다.

†

찬양과 환상

찬양讚揚은 특정 대상을 칭찬하거나 기리어 드러낸다는 뜻을 지니고 있다. 기독교에서 하나님을 높이는 노래를 찬양가, 찬미가, 성가라고 한다. 성경, 이사야 43장 21절에 "이 백성은 내가 나를 위하여 지었나니 나를 찬송하게 하려 함이니라."라고 기록되어 있다. 하나님께서 사람을 만든 목적을 말하고 있다.

교회에 나간 지 얼마 되지 않았을 때의 일이다. 어느 휴일 남편과 집에서 다툰 적이 있었다. 무슨 내용으로 다투었는지 기억이 나지 않지만, 이해할 수 없는 남편의 말과 행동에 분노가 치밀어 올라왔다. 어떤 사람이 평소에 화가 많이 나면 주먹만 한 덩어리가 가슴에서 올라온다라고 했는데 내가 그것을 경험한 것이다. 이런 기운은 전에 한 번도 경험하지 못했던 고통이었다. 유리창을 깨뜨리거나 그릇을 던져 박살 내고 싶은 폭력적인 행동이 생각나기도 했다. 한편, 내가 교회에 나가면서 이런 행동을 하면 안 된다는 생각도 들었다. 참으려고 하니, 가슴이 답답하여 터질 것 같아 생각 끝에 피아노를 치면서 찬송을 힘껏 불렀다.

몇 곡을 부르고 기운이 없어 방바닥에 누웠다. 베개를 놓고 눕는 순간, 무시무시한 광경이 보였다. 큰 뱀 두 마리가 한 마리는 나의 상체를, 또 한 마리는 나의 하체를 감고 있었다. 뱀의 몸통은 어른 팔뚝만 하였고 갈색 계열의 무늬가 번들거렸다. 뱀은 "이 사람에게 더 이상 있을 수 없다."라고 말하며 내 몸에서 머리를 쳐들고 나가려는 순간, 칼을 쥔 손이 나타나 뱀의 머리를 찔러 죽였다. 다른 한 마리는 도망쳤다.

나는 한참 동안 멍하니 누워있다가 정신을 차리고 조금 전 광경을 다시 떠 올려 보았다. 큰 뱀 두 마리가 내 몸을 감고 있었다는 것, 내가 찬송을 부른 후 그 뱀이 더 이상 견디지 못하여 나간다고 한 것, 칼을 든 손이 나타나 뱀의 머리를 찌르는 것 등 꿈도 아닌 생시에 어찌하여 이런 일이 있을 수 있나? 내가 분명히 보았는데도 내 정신을 의심하기도 했다. 한편, 내가 기절하지 않고 담담하게 돌이켜 보는 것도 대단했다.

환상은 오랫동안 떠나지 않고 맴돌았다. 여태 내 몸이 그렇게 큰 뱀 두 마리에 감겨 있었단 말인가? 평소 가슴이 답답한 적은 있었지만 뱀에 감겨 있다고는 생각하지 못했는데…. 만약 내가 폭력을 행사했더라면 뱀이 승리하는 것이었을까? 내가 찬양하니 뱀은 숨이 막혀 내 몸에서 나가려고 했는지? 찬송을 부를 때 기운이 없었던 것은 뱀과 싸우는 것이었을까? 칼을 쥔 손은 하나님의 손이었는지? 나의 의문은 끝이 없었다. 평소 즐겨 입던 갈색 비단 원피스가 꼭 그 뱀의 무늬 같아서 비싸게 준 새 옷인데도 버렸다. 또, 내가 환상을 보았을 때 눈을 감았는지 뜬 상태였는지가 궁금하여 베개를 놓고 여러 번 누워 보았으나 눈은 감은 채 환하게 본 것이었다.

불가사의한 일을 경험한 후, 성경에도 환상을 본 사람이 있는지 궁금하여 찾아보았다. 사도행전 2장에 "하나님이 말씀하시기를 말세에 내가 내 영을 모든 육체에 부어 주리니 너희의 자녀들은 예언할 것이요. 너희의 젊은이들은 환상을 보고 너희의 늙은이들은 꿈을 꾸리라."라고 기록되어 있었다. 그리고 성경 신•구약에서 환상을 본 사람이 많았다. 환상은 육안으로는 볼 수 없고 영의 눈이 열려야 볼 수 있다고 한다. 하나님이 나의 영안을 열어 주어서 신비한 체험을 한 것이다.

찬양은 곡조 있는 기도이다. 찬양으로 악한 영을 충분히 이길 수 있다고 성경에서 말하고 있다. 역대하 20장에 "전쟁터에서 노래하는 자들을 택하여 군대 앞에서 행진하여 여호와를 찬송하였더니 전쟁에서 승리했다."는 기록이 있다. 심한 다툼의 배후에는 선과 악의 영적 전쟁이 있다. 싸움으로 몰고 가는 것은 악한 영이 이기는 것이고, 싸움을 잠재우는 행동은 선한 영이 이기는 것이다.

교회에 나가서 이런 신비한 체험을 하리라고는 전혀 생각지도 못했다. 성경에 이런 내용이 있다는 것도 상상 밖의 일이었다. 내가 원한 것도 구한 것도 아니다. 하나님께서 거저 주신 것이다. 하나님께서는 나에게 큰 뜻을 품고 이런 신비함을 체험하게 하신 것 같다. 그러나 나는 하나님의 기대에 부족함이 많은 삶을 살아 나중에 책망을 받기도 했다.

†

친정집의 신비

친정집이 섬마을이라 미신을 섬기는 가정이 많았다. 내 어릴 때 우리 집은 몸이 아파도 무당을 불러 굿을 했다. 대나무를 흔들면서 신을 부르고 신이 내리면 대나무가 심하게 흔들렸다. 어머니가 28세 젊은 나이에 돌아가셔서 그 영혼을 달래는 굿도 많이 했다. 아버지가 사업에 실패해도 굿을 하여 악한 귀신을 달래며 집안의 평안을 빌었다. 굿은 귀신을 초청하는 것이라고 귀신이 말했다.

내가 교회에 나간 후부터 꿈을 꾸면 친정집 소죽을 끓이는 부엌이나 소 마구간에 귀신들이 많았다. 귀신들이 나를 보면 얼굴을 숨기면서 떨었다. 어디서 그런 힘이 나오는지 칼을 휘둘러 귀신을 죽이고 휘발유를 뿌려 태우기도 했다. 교회 다니기 전에는 돌아가신 어머니를 꿈속에서 만나도 처음에는 반가워하다가도 나중에는 도망가기 바빴다. 나 자신도 이해되지 않은 일이 꿈속에서 펼쳐진 것이다.

친정아버지가 폐암 진단을 받고 치료의 가망이 없어 집에서 하루, 하루를 버티며 지냈다. 그때는 내가 교회에 첫발을 딛고 신비함을 체험하여 기도하면 무엇이든지 들어준다는 믿음이 충만했을 때였다. 창선교회에서 심방하여 예배드리고 그다음 날, 교회에 나가 아버지의 병이 봄에 눈 녹듯이 사라지는 기적을 체험했다. 70~80년대에는 우리나라에 하나님의 특별한 은혜가 쏟아져 곳곳에 병든 자가 낫는 일이 많았다.

아버지의 병이 나을 즈음에 또 친정집 꿈을 꾸었다. 할아버지가 손수 지은 옛집 마당에 크리스마스트리가 세워져 있었다. 그리고 죽담 마루 밑 전체가 이글거리는 불덩어리였다. 겨울에 얼음이 얼면 땅이 솟아나며 얼음 기둥이 생기듯, 얼음 대신 불이었다. 다른 곳으로 옮겨붙지는 않고 아궁이 속의 덩어리 불처럼 타고 있었다. 성경, 출애굽기 3장에도 호렙산 떨기나무에 불이 붙었으나 나무가 타지 않는 불이라고 기록되어 있다. 이곳에서 모세는 애굽에서 고생하는 하나님의 백성을 건져내라는 소명을 받게 된다. 나중에 깨달았지만, 내가 꿈속에서 친정집 마루의 불을 본 것은 친정 권속을 어두움에서 이끌어내라는 소명이었다고 생각한다.

그런데 나는 정반대로 생각했다. 아버지의 병도 낫고, 크리스마스트리도 세워져 있고, 마루 밑에 꺼지지 않는 불도 있으니 이제 완성되었다고 여겼다. 내가 성경 말씀의 지식도 없이 신비한 체험으로만 들떠 있었던 것 같다. 그때가 절실히 기도할 때요, 친정 권속을 인도할 때였다. 내게 당한 귀신들의 무리는 가만히 있지 않았다. 마태복음 12장에 더러운 귀신이 사람에게서 나갔을 때 쉴 곳을 얻지 못하고 다니다 나온 집으로 다시 돌아와 본다. 그 집이 비어 있고, 수리되어 전보다 더 악한 귀신 일곱을 데리고 들어 온다는 내용이 있다. 아버지는 폐암이 낫는 기적은 체험했지만, 나중에 교회를 등지게 되었고 중풍이 와서 돌아가셨다.

친정집에 찾아온 하나님의 귀한 은혜를 영혼 구원으로 연결하지 못했다. 사람이 죽으면 육체는 흙으로 돌아가고 영혼이 구원받아 하늘나라에서 영생하는 것이 중요하다. 영혼 구원은 십자가에서 돌아가신 예수님의 피로 죄 사함을 얻었다는 믿음이 있어야 한다. 마귀는 믿음이 약한 자를 미혹시키고 정복한다. 내 형제자매를 한 사람도 구원하지 못한 나의 어리석음을 뉘우친다. 누군가 나의 실패를 거울삼아 하나님을 믿는 믿음의 가정으로 변화되리라 기대해 본다.

†

수예점 창업

교회에 발을 디딘 지 한 달 정도 되었을 때 하나님의 음성이 연이어 들려왔다. 하나님께서는 오매불망 나를 기다렸는지 첫사랑을 뜨겁게 부어 주셨다. 내 마음의 소리에 귀 기울이시고 어느 곳이나 동행해 주셨다. 하나님의 사랑을 받는다고 생각하니 삶이 무섭지 않았다. 무엇이든지 할 수 있다는 자존감과 성취욕이 하늘을 찔렀다. 젊은 날에는 열정에 가리어 숲은 보지 못하고 나무만 보였다.

교회에 나가면서부터 생업을 바꾸고 싶은 마음이 컸다. 아이들이 아직 어리니까 돌보고 싶은 마음이 간절하고 10여 년 직장에 얽매이는 것이 지루하여 자유인으로 살고 싶었다. 그때 나는 재래시장 안에 있는 전셋집에 살고 있었는데 장사하는 사람들이 무척 부러웠다. 집에서 자녀 키우며 돈벌이를 할 수 있다는 생각과 평소 내가 즐겨 하는 손뜨개를 할 수 있어 수예점을 경영하면 좋을 것 같았다. 나의 이런 생각에 가족이나 지인들은 모두 반대했다. 그러나 내 생각은 이미 수예점 창업에 대한 꿈에 부풀어 있었다. 마침 폐업하는 수예점이 있어 그것을 인수하기로 했다. 새로운 일에 대한 도전 정신이 강하여 겁 없이 뛰어드는 나의 성격도 한몫했다.

나는 직장에 사표는 천천히 내고 우선 동거하는 시누이 두 사람이 수예점을 맡아 경영하기로 했다. 막상 수예점을 열고 보니 내가 생각했던 것처럼 수월한 일은 아니었다. 상점을 찾는 사람에게 물건을 팔거나 손뜨개를 가르치는 일이 한가하게 노는 일이라고 생각했는데 손님이 없어도 종일 자리를 지키는 긴 노동이었다. 또, 토요일 오후에는 큰 도시로 물건을 구입하러 가는데 좋은 물건을 싼값에 가져오는 전문성도 필요했다. 나는 아무것도 모른 채 겁 없이 시작한 셈이다. 무엇보다도 장사가 잘되면 돈 버는 재미라도 있지만, 물건값과 점포세를 제하면 몇 사람이 일해도 이익은 없었다. 수예점을 일 년 정도 경영하고 보니 장사는 아무나 하는 것이 아니며 어려운 직업이라는 것을 비로소 깨닫게 되었다.

그런데도 나는 수예점에 대한 미련을 떨쳐 버리지 못했다. 내가 학교를 그만두고 직접 경영하면 잘될 것이라는 생각이 들어 사표를 쓰려고 했다. 그러자 남편을 비롯하여 주위 사람들이 강력하게 말려 나는 두 갈래 길에서 마음고생이 심했다. 어떻게 할지 몰라 애를 태운 나머지 꿈속에서 하나님께

"제가 교사를 할까요? 수예점을 할까요?"라고 물었다. "그거야 교사를 해야지!"라고 응답해 주셨다. 그리고 수예점은 소쿠리에 채소를 담아 길가에서 추위와 더위를 견디며 종일 살 사람을 기다리는 모습인 것을 보여 주셨다. 나는 꿈을 꾸고 난 후 하나님이 나의 앞날을 올바르게 인도하신다는 확신 속에 두말없이 수예점을 정리했다.

하나님께서는 온 우주를 다스리면서도 한 생명에게도 자상하신 분이셨다. 아무것도 모르면서 세상을 다 아는 것처럼 날뛰는 철부지를 하나님께서 제 자리에 앉혀 주셨다. 그때 하나님께서 나를 꿈속에서 만나 주지 않았더라면 나의 노후는 어떻게 되었을까? 나는 매달 연금이 나올 때마다 젊은 날, 나의 어리석음에 놀라고 하나님의 인도하심에 놀라지 않을 수 없다. 이런 체험을 통해서 하나님께서 주신 물질이라는 생각이 들고 나는 대리인에 불과하기에 일부는 하나님의 뜻에 합당하게 사용하고 있다.

내가 사는 동네 상가에도 쉽게 창업하고 문을 닫는 경우를 본다. 지난날 나를 보는 것 같아 마음 아프다. 나의 경험에 비추어 극구 말리고 싶다. 남의 밥에 콩이 더 커 보이지만 어느 직장이든 나름대로 어려움이 있고 쉽게 돈을 벌 수 있는 곳은 없다. '가장 평범한 것이 비범한 것이다.'라는 말이 생각난다. 순탄하게 생활하는 것에서 행복과 보람을 찾아야 한다.

†

하나님이 세상을 이처럼 사랑하사

80년대 초반, 밀양여자고등학교에 근무할 때의 일이다. 학교가 산 중턱에 자리 잡고 있어 운동장까지 수십 개의 계단을 내려와야 했다. 여학생이 이 학교에 입학하면 다리에 알이 밴다며 꺼리는 곳이기도 하다. 어느 날 퇴근 시간에 학교 계단을 내려오는데 어디서 딱! 딱! 하는 소리가 들려왔다. 계단을 다 내려오기까지 소리가 더 크게 들려 그쪽을 보니 어떤 남자가 넓적한 막대기로 무릎 꿇고 앉아 있는 사람을 때리고 있었다. 나는 그 광경을 보는 순간, 우선 때리는 것을 중단시켜야 한다는 불같은 마음에 그쪽으로 가며 “이봐요! 이봐요!”라고 크게 소리를 질렀다. 지금 생각하면 상상도 할 수 없는 일이다.

그 사람은 자신의 분풀이를 방해한 나를 향해 사자같이 덤

벼들었다. "××년, 너 오늘 내게 죽어 볼래."라고 욕하면서 막대기를 던져 버리고 얼굴을 씰룩거리며 붉은 눈동자로 나를 위협하며 걸어왔다. 내 뒤에 계단을 내려오는 선생님들이 나를 가지 말라고 부르며 내가 큰 변을 당할까 봐 가슴 조이며 제자리에 서 있었다. 무슨 일이 일어날지 모르는 급박한 장면이 갑작스레 생긴 것이다. 흉기로 나를 찌를 듯한 무서움도 있었다. 그렇다고 물러설 수도 없는 딱한 상황이었다.

'그래 네가 나에게 어떻게 하랴!'라는 배짱이 순식간에 생기며 그 사람과 마주했다.

그 사람과 맞닥뜨리는 찰나, 갑자기 내 앞에 털썩 주저앉으며 나도 교회를 다닌 적이 있지만, 저놈이 내 동생인데 하도 말을 듣지 않아 때렸다고 했다. 나는 모르는 사람이었는데 내가 교인인 것을 아는 것 같았다. 나는 그를 향하여 "아무리 말을 안 들어도 그렇지, 사람을 그렇게 때릴 수 있느냐?"라고 했더니 잘못을 인정하는 것 같았다. 그는 때린 곳이 터져 약을 발라야 한다고 오천 원만 달라고 했다. 나는 돈을 주며 그 사람을 돌려보냈지만, 날이 어두워지는데 어딘가 데리고 가서 또 때리면 어떻게 하나? 차라리 경찰에 신고할 걸 잘못했다는 생각이 그제야 들었다.

이 일이 끝난 후, 사자 같이 달려든 사람을 대항했던 힘은 온데간데없고 온몸이 마구 떨려 그만 바닥에 주저앉고 말았다. 퇴근하던 선생님들은 일이 잘 마무리되는 것을 보고 장거리 출, 퇴근으로 기차 시간에 맞추어 가고 운동장에는 아무도 없었다. 한참 앉아서 주위를 살펴보니 학교 바로 밑에 내가 다니는 교회가 보였다. 나는 겨우 정신을 차리고 교회로 향했다. 교회 기도실에서 안정을 찾게 되었고, 때린 사람이나 매 맞은 사람이 선한 길로 인도되기를 바라는 기도를 드렸다.

교회 문을 나서니 하늘도, 땅도, 뺨을 스치는 바람도 나를 포근히 안아 주었다. 전쟁에서 살아 돌아온 개선장군처럼 날아갈 듯한 기분이었다. 그리고 무작정 걷고 싶었다. 집까지 걸어가는데 오늘 맞닥뜨린 사건이 필름처럼 다시 재생되고 있었다. 보통 때는 내가 학교 후문으로 퇴근하는데 오늘은 왜 반대편 계단 쪽으로 내려오면서 하필 이 사건을 만나게 되었는지? 그 큰 폭력을 대항할 용기는 어디서 나왔는지? 사건이 끝난 후 나는 왜 그렇게 떨렸는지? 이해되지 않는 의문점이 꼬리를 이었다.

그때 하나님의 음성이 순식간에 들려왔다. "네가 매 맞는 사람을 불쌍히 여긴 불같은 마음은 내 마음이었고, 아무 저항을 하지 않고 피를 흘리며 매 맞는 청년은 예수님의 형상이며, 그 장면을 향해 갈 수 있었던 것은 성령의 힘이었다." 라고 하셨다. 또, "네가 매 맞는 청년을 보고 그렇게 마음이 아팠느냐? 나는 내 아들 예수가 십자가에서 고난당 할 때 너무 괴로워 하늘마저 캄캄했다."라고 하셨다. 그러면서 요한복음 3장 16절 말씀, "하나님이 세상을 이처럼 사랑하사 독생자를 주셨으니 이는 그를 믿는 자마다 멸망하지 않고 영생을 얻게 하려 하심이라."를 똑똑히 들려주시며 하나님이 세상을 이처럼 사랑한다는 구절을 강조하셨다.

평소 하나님께서는 성경에 기록된 여러 증거를 몸소 체험하게 하셨고, 나의 작은 물음에도 응답하시는 자상하신 하나님이셨다. 그런데 나는 하나님께서 주시는 신비로움에 들떠 성경 말씀의 중요성을 깨닫지 못하는 딱한 사람이었던 것 같다. 이 사건을 통하여 삼위일체 하나님과 예수님 사랑을 깊이 깨달았다. 하나님의 깊은 사랑을 느끼며 울면서 길을 걸었다. 그리고 예배 후에 드리는 목사님 축도, 성부와 성자와 성령의 이름이 확실하게 내 마음에 자리 잡게 되었다. 온 인류를 향한 하나님 '이처럼 사랑'의 무한함을 느낀다.

†

아가서

구약 성경에 있는 아가雅歌서는 솔로몬 왕 통치 말년에 기록한 것으로 그의 신부 술람미 여인과의 사랑을 노래하고 있다. 솔로몬 왕이 지은 노래 중 가장 맑고 아름다운 노래로 불린다. 아가서를 읽기 전에는 사랑을 논하지 말라고 할 정도로 남녀 간의 뜨거운 사랑 이야기이다. 더 나아가 인류를 향한 하나님 사랑의 노래다.

교회에 나간 지 얼마 되지 않았을 때의 일이다. 하루는 우리 집에서 뺑 둘러앉아 구역예배를 드리는 꿈을 꾸었다. 예배를 인도하는 장로님이 나에게 '아가서 8장 6절'을 찾아 읽으라고 했다. 아가서는 평소 한 번도 들어 보지 못한 생소한 부분이라 겁부터 났다. 나는 성도들이 보는 가운데 성경을 앞뒤로 넘기며 아무리 애써 찾아도 '아가서'는 없었다. 창피스러워 안절부절못하다 꿈에서 깨어났다.

한밤중에 일어나 성경에 정말 아가서가 있는지 궁금하였다. 또, 하나님이 내게 꼭 집어 주는 말씀 같아 다급하게 찾았다. 아가서 8장 6절은 술람미 여인의 사랑 고백이었다. "도장 새기듯 임의 마음에 나를 새기세요. 도장 새기듯 임의 팔에 나를 새기세요. 사랑은 죽음처럼 강한 것, 사랑의 시샘은 저승처럼 잔혹한 것, 사랑은 타오르는 불길, 아무도 못 끄는 거센 불길입니다"(새번역성경). 말씀은 찾았으나 무슨 뜻인지 쉽게 알 수가 없어 읽고 또, 읽었다. 술람미 여인의 죽음보다 강한 사랑, 독차지하고 싶은 불길 같은 사랑을 표현하고 있는 것 같았다. 한편 나를 향한 주님의 강한 사랑을 느꼈고, 주님을 향한 내 사랑의 온도 차도 느껴졌다.

그로부터 30여 년이 지난 후, 하나님께서 또, 아가서 말씀을 내 마음에 심어주셨다. 지방에서 퇴직하고 이곳 남양주로 이사하여 생활한 지 얼마 되지 않았을 때의 일이다. 낯선 이곳은 아는 사람이 없어 자유로웠고 신앙생활도 교회를 정하지 않고 한가롭게 주일 예배만 겨우 참석하는 정도였다. 어느 주일 바쁜 일정이 잡혀 있어 목적지를 가는 도중 예배만 드리고 나오려고 가까운 교회에 들어갔다. 이미 예배가 시작되어 고개를 숙이고 살금살금 들어가 자리에 앉았다. 교회 앞면에 있는 글귀, "나의 사랑, 내 어여쁜 자야 일어나서 함께 가자."(아가서 2:10)라는 말씀이 눈에 들어왔다. 내가 읽어 내려가는 순간, 하나님의 음성으로 크게 들려왔다. 말씀

내용은 조금 다르게 표현되었다. 내 어여쁜 자가 아니고, '여자야 일어나 함께 가자'고 말씀하셨다. 그러나 하나님의 음성은 신앙에 미온적이었던 나를 용서하시는 다정한 목소리였다.

그동안 나는 하나님의 불같은 사랑을 많이도 받았다. 내가 처음 교회에 나갔을 때 하나님께서는 나의 작은 신음에도 응답하시고 내가 어디를 가든지 내가 무엇을 하든지 동행하시며 인도해 주셨다. 또 귀신이나 뱀 즉, 악한 영을 물리치는 권능도 주셔서 꿈속에서 귀신을 죽이고 생시에 뱀이 내 몸에서 떠나는 환상도 보았다. 무엇보다도 이런 체험을 통해 하나님께서 우주를 운행하시고, 성경을 그대로 믿는 믿음도 갖게 되었다.

그러나 세월의 흐름 속에 하나님의 사랑은 당연했고, 내 자아가 앞서 자유롭게 살고 싶어 숨어 지내는 것이 아주 편했다. 하나님께서 이런 나를 모를 줄 알았는데 오늘 찾아오셔서 꾸짖지 않으시고 일어나 함께 가자고 손을 내미셨다. 하나님은 보이지 않는데 소리가 들리며 사랑의 훈기가 느껴졌다. 미안하기도 하고 그 사랑에 감사해서 예배 도중 주체할 수 없이 울었다. 주위 사람들에게 부끄러워 자제하려고 하여도 쉽지 않았다. 한편, 하나님께서 나를 남양주, 동화중 · 고등학교 안에 있는 '길가에 교회'로 인도하시는 것 같았다.

나는 아가서 2장 10절 말씀을 주님의 음성으로 듣고 여러 곳을 이사하면서도 지금까지 '길가에 교회'에서 신앙생활을 하고 있다. 하나님께서는 나를 뜨겁게 사랑하셨는데 나의 미지근한 사랑에 실망하시며 아가서를 통하여 두 번이나 당부하신 것 같다. 내가 하나님의 사랑을 받을 만한 가치 있는 사람이 아니라 하나님의 품이 한없이 넓기 때문이라고 생각한다.

교회와 온 인류를 향한 하나님의 불같은 사랑의 목표는 과연 무엇일까? 미국의 베들레헴 침례교회 존 파이퍼 목사는 하나님 사랑의 목표 중 한 가지는 사람이 하나님의 사랑을 받아 자유와 기쁨을 누리게 하는 것이라고 한다. 그러나 자칫 인간이 그 사랑으로 교만하여 자아 존중의 메아리로 착각하게 되고 자신이 하나님 자리에 앉아 하나님 사랑을 스스로 거부한다는 것이다. 나는 언제 술람미 여인처럼 주님만을 불같이 뜨겁게 사랑할 수 있을지?

†

할머니가 네 열 발가락 열 손가락이 되어

할머니는 남해군 창선면 옥천에서 9남매의 맏이로 태어났다. 70년대 서울특별시장을 역임한 양씨 가문으로 이름 있는 집안이었다. 할머니는 할아버지 형제 세 사람 중 막내며느리였지만 혼자되신 증조부님을 극진히 모신 효부였다. 10남매를 출산했으나 그 당시 돌았던 전염병으로 겨우 3남 1녀만 살아남는 가슴 아픈 사연을 담고 있었다. 그 와중에 맏며느리인 내 어머니가 병을 앓다 돌아가셔서 그 쓰라림은 줄을 이었다.

어머니가 돌아가시며 할머니 손을 붙잡고 나를 '딸'처럼 키워달라고 애원했기 때문인지 나보다 네 살 위인 고모는 뒷전이고 할머니 가슴에는 엄마 잃은 손녀만 있었다. 할아버지께서 땀 흘려 열심히 일한 덕에 먹는 것은 풍족했으나 섬마을의 산을 개간하여 하루 한 끼는 고구마를 먹었다. 할머니는 참외를 무겁게 이고 시장에 팔러 갔다가 하나도 팔지 못해 돌아오는 발걸음이 무거웠다고 말한 적도 있다. 다 팔아도 만원도 되지 않는 돈을 마련하기 위해…. 아버지는 재혼하여 5남매를 낳고 사업을 했으나 힘들어 우리 형제는 주로 조부모님과 함께 생활했다. 어려운 가정형편에서도 나는 할아버지의 응원에 힘입어 진주에서 고등학교와 대학을 졸업했다. 등록금을 마련하기 위해 얼마나 애썼을까 싶다. 그런데 나는 객지에서 힘들었던 내 고생만 생생하고 조부모님의 피와 땀은 마음에 와닿지 않았다.

내가 결혼하던 날에 찍은 가족사진 속의 할머니 얼굴은 검푸른색이었다. 섬마을에서 대학까지 보내 좋은 직장을 마련해 주었어도 아쉬움이 넘치는 표정이었다. 첫 아이를 낳고 남편과 함께 친정에 갔을 때 손수 재배한 솜으로 아기 이불을 만들어 주셨다. 아픈 다리를 이끌고 증손녀를 업고 산을 넘어 배 타는 곳까지 두 시간이나 걸어 배웅해 주시며 말씀하셨다. “이제 네가 시집가서 자식을 낳았으니 내가 다리를 뻗고 잘 수 있다.”라고, 혼자 돌아오는 산길은 결코 쓸쓸하지도 다리가 아프지도 않았으리라.

이런 할머니의 사랑을 하나님께서 아셨는지, 어느 날 내 어린 시절의 꿈을 꾸었다. 우리 집은 화장실이 멀어 잠자리에 들 때 요강이 마루에 있었다. 어쩌다 보니 내 새끼발가락 하나가 곪아 요강에 그만 빠져 버렸다. 할머니가 옆에서 이를 어쩌면 좋으냐고 안타까워하는데 나는 괜히 할머니에게 짜증을 부렸다. 그때 "너는 네 발가락 하나가 그렇게 아까우냐! 네 할머니가 너의 열 발가락, 열 손가락이 되어 키웠다." 는 호통치는 소리가 들려왔다. 나는 놀라 꿈에서 깨어나 주체할 수 없이 울었다. 한편, 할머니가 나를 키우며 얼마나 고생하셨기에 이런 꿈을 꾸는지 생각되기도 했다.

할머니가 밭 언덕에서 미끄러져 엉덩이뼈를 다쳐 몸져누웠다는 소식을 듣고 나는 애만 태우고 있었다. 어느 날, 잠결에 '할머니 돌아가셨다.'라는 소리가 크게 두 번이나 들렸다. 혹시 할머니가 돌아가셨을까 했는데 소식이 이틀 지나서 왔다. 할머니는 이미 이틀 전에 눈 감고 말문 닫고 영혼은 떠났지만 너는 직장에 매여 있는 사람이라 숨을 온전히 거둔 후 연락했다고 했다. 내가 잠결에 들었던 소리가 할머니의 영혼이 떠날 때 알려 준 것이었다.

여자는 출가외인이었다. 할머니 살아생전에 찾아뵙지 못한 나의 미련함에 가슴이 미어졌다.

내가 친정에 도착했을 때 할머니는 관속에서 말이 없었다. 자신이 아파 아무리 고통스러워도, 때로는 돈이 궁해 힘들어도, 내게 전혀 내색하지 않았다. 오직 손녀 마음 다칠까 봐 자신의 어려움은 보자기에 싸서 꽁꽁 묶어 버렸다. 엄마를 대신했던 가슴 아픈 할머니의 사랑을 느끼며 울고 또 울었다.

할머니 돌아가시고 한 달쯤 되었을 때 할머니 영정 사진을 놓고 기도하는 꿈을 또 꾸었다. 하늘에서 빛줄기가 영정 사진에 비친 후, 할머니가 사진 속에서 살아나셨다. 평소 다리가 아파 걷지 못했는데 건강한 모습으로 언덕에서 뛰어내렸다. 그 광경을 보고 '할렐루야'를 얼마나 외쳤는지, 내 소리에 꿈을 깨기도 했다. 할머니는 교회도 나가지 않았고 대대로 숭상한 절에도 가지 않았다. 그러나 하나님께서 할머니의 헌신적인 사랑을 알고 꿈으로 세 번이나 계시해 깨우쳐 주셨다. 그나마 내가 기도하는 중에 할머니의 건강한 모습을 볼 수 있어 다소 위안이 되기도 했다.

할머니 돌아가신 지 40여 년, 나도 할머니가 되었는데 내 할머니 사랑은 늙지도 않는다. 그 사랑은 가슴앓이 짝사랑이었다. 그리고 깊었다. 송강 정철 선생님의 "지나간 후면 애달파 어찌하리. 평생에 고쳐 못할 일, 이뿐인가 하노라." 마음 아픈 시조를 다시 읊어 본다.

†

왜 나만 사랑하지 않느냐

성경에는 여러 가지 꿈 이야기가 있다. 주로 하나님의 계시와 예언의 내용을 전하고 있다. 나는 꿈을 많이 꾸는 편인데 대부분 기억하지 못하고 같은 꿈을 여러 번 꾸면 오래도록 생생하게 남아 있다.

현실과 전혀 다른 엉뚱한 꿈이 되풀이되면서 악몽에 시달렸다. 꿈속에서 우리 집에는 남편과 나 외에 또 한 여자가 있었다. 그 여자는 평범한 시골 아낙이었다. 남편은 그 여자를 별로 좋아하지는 않으면서도 남편과 두 여자가 한집에서 살아가는 운명이었다. 잠자리도 남편은 가운데 양쪽에 두 여자가 누워있는 모습이라 괴로웠다. 나는 남편에게 왜 이렇게 살게 되었느냐고, 이럴 수는 없다고 소리쳤으나 남편은 묵묵부답으로 내 말에 귀를 기울이지 않았다. 너무 기가 막혀 꿈속에서 울다 깬 일이 여러 번 있었다. 꿈을 깨고 나면 이 일이 꿈이어서 다행이었고 남편에게 꿈 이야기를 했으나 개꿈이라고 대수롭지 않게 흘려보내 속상했다.

창세기 41장은 요셉이 이집트의 왕, 바로가 꾼 꿈을 풀이해 주는 내용이다. 요셉은 "바로께서 꿈을 두 번 겹쳐 꾸신 것은 하나님이 이 일을 정하셨으리라…."라고 말하고 있다. 나는 이 악몽을 열 번 정도 연달아 꾼 후 하나님이 나에게 꿈을 통하여 계시하고자 하는 뜻이 있다는 생각이 들었다. 내가 하나님의 뜻이 무엇인지 알고자 고민할 때 하나님께서 말씀하셨다. "남편이 너를 무조건 사랑하지 않아도 너 외에 딴 여자가 있는 것이 그렇게 괴로우냐! 나는 너를 그렇게 사랑하는데도 왜, 나만 사랑하지 않느냐?"라고 호통을 치셨다. 사실 남편의 도움과 하나님의 도우심은 비교되지 않을 정도이다. 하나님께서는 우리 부부가 소통되지 않아 잘 다툰다는 것도 알고 계시는 것 같았다. 하나님의 말씀을 듣고 내가 꿈의 의미를 알고 난 후부터 그 악몽을 다시 꾸지 않았다.

그런데 나는 '왜 나만 사랑하지 않느냐?'라는 하나님의 책망을 심각하게 받아들이지 않았다. 예레미야 5장에 나오는 유다 백성처럼 나는 하나님의 사랑을 당연하게 느끼고 책망을 두려워하지 않는 화인 맞은 양심이 되고 말았다. 내가 교회에 나가 얼마 되지 않았을 때는 하나님께서 말씀하시면 꼭 그대로 순종했다. 순종이 내게 축복이었다. 교직을 그만두고 수예점을 경영하겠다고 덤비기도 하고, 중간에 사표를 세 번이나 내려고 할 때 하나님께서는 철부지 나를 제자리에 앉혔다. 나의 노후까지 걱정해 주는 분이셨다.

내가 정년퇴직을 하고 이곳 수도권에 올라와 생활하고 있을 때, 또 연달아 꾸는 황당한 꿈이 있었다. 학생을 가르치는 교사가 쓸데없는 일에 몰두하여 수업 시간을 놓쳐 애를 태우는 꿈을 꾸었다. 때로는 학급 반장이 수업에 들어오지 않는 나를 찾아다니는 꿈, 다른 교사와 반을 나누어 가르치는데 시험 범위까지 진도가 나가지 못한 일 등 현실에서 있을 수 없는 악몽이 계속되었다. 꿈에서 깨고 나면 온몸이 피곤했다.

하나님 앞에 내가 잘못 살고 있다는 것이 분명했다. 내가 같은 꿈을 연달아 꾸는 것은 하나님께서 내게 전하고자 하는 뜻이 있다는 것도 모르지는 않았다. 내 마음이 얼마나 가변적인지, 복 주시는 하나님은 하늘에 계셨고 책망하시는 하나님은 땅에 묻었다.

공의公義는 하나님의 속성 중 하나이다. 절대 공정하심과 정의로우신 하나님 앞에 사람은 평등했다. 마태복음 25장에 달란트 비유가 있다. 많이 받은 사람은 많이 남겨야 했다. 그리고 하나님의 책망을 업신여긴 벌이 반드시 있었다. 하나님께서는 오매불망 내가 회개하고 돌아오기를 기다렸지만, 나의 죄 때문에 하나님과의 거리는 아주 멀어지고 말았다. 지금은 내게 쏟았던 하나님의 첫사랑은 찾아볼 수 없다. 이사야 선지자는 59장에서 말하고 있다. "여호와의 손이 짧아 구원하지 못하심도 아니요~. 오직 너희 죄악이 너희와 너희 하나님 사이를 갈라놓았고, 너희 죄가 그의 얼굴을 가리어서 ~." 나는 이 글을 쓰며 집 나간 탕자가 된 기분이다. 하나님의 긍휼하심을 바라보며 남은 생, 어떻게 살아야 하는지 하나님께 조용히 길을 묻는다.

†

너의 승진 내가 한다

교사로 오랫동안 근무하다 보면 승진의 길을 한 번쯤은 고민하게 된다. 그 길의 문턱이 높아 처음부터 승진을 포기하고 가르치는 일에 보람을 찾는 교사가 대부분이다. 나는 초등학교 교사로 시작한 사람이라 중등학교에서 승진한다는 것은 꿈 밖의 일이었다. 내가 교대를 나와 중등교사 검정고시를 치르고 경남에서 이름 있는 마산여고에서 부장직을 맡은 것만으로 내게는 과분한 승진이었다.

남편은 사범대학을 나와 처음부터 승진을 꿈꾸고 대학원을 다니며 같이 노력하자고 했다. 나는 2년제 대학을 나왔기에 3학년에 편입하여 2년을 수료해야 대학원에 갈 수 있는 먼 길이었다. 그런데 우리나라 80년대, 교육계에는 새로운 변혁의 바람이 불었다. 각급 학교마다 학령인구가 불어나면서 교사가 부족하여 초등학교에는 고등학교 졸업자를, 특수학교에서는 검정고시에 합격한 사람에게 교사 자격을 주는 제도가 생겼다. 특수학교에 근무하면 승진 가점이 1.25점, 대학원을 나온 사람보다 0.25점이 많았다.

나는 시대의 흐름을 타고 도전 정신과 호기심이 발동하여 남편과 특수학교 교사 자격 검정고시에 응시하여 교사 자격을 받았다. 남편은 자격을 받자마자 특수학교로 옮겨 근무하고 나도 어쩌면 승진할 수 있을까 하는 기대 속에 승진에 대한 마음이 바뀌었다. 승진을 목표로 해마다 각종 연구대회에 출전했으나 고생만 하고 하위 점수밖에 얻지 못했다. 승진에 대한 힘이 빠지고 포기할까, 말까 고민할 때 하나님께서 "네 힘으로 승진하는 것이 아니고 내가 한다."라고 큰소리로 말씀하셨다. 나는 하나님의 말씀을 듣고도 실제 눈에 보이는 것이 없어 답답하기만 했다.

경남에서는 교사가 도시에서 8년 근무하면 시골 학교로 옮겨야 했다. 자녀들은 객지에서 대학에 다니고 있어 홀가분했으나 남편은 이미 도시 근무가 끝나 통근이 어려운 시골 중학교에 근무하고 있었다. 나도 신학기에는 변두리 학교로 전보를 앞두고 있어 고민이 많았다. 통근이 가능한 곳이거나 승진을 위하여 아예 점수가 부가되는 도서 벽지로 갈까 하는 생각도 했다. 어느 곳으로 가야 할지 고민하고 있을 때 내가 재봉틀이 줄지어 있는 학교에 근무하는 꿈을 꾸었다. 나는 평소 꿈에 본 그대로 생시에 그 장면을 보는 체험이 있었기에 내가 재봉틀이 있는 학교에 가려나 하는 생각도 했다. 그러나 재봉틀이 많은 학교는 재직하고 있는 학교밖에 없어 꿈과 상관없이 통근 거리의 시골 여자고등학교로 전보 카드를 제출했다.

그러던 어느 날, 남편이 원거리 출근길에 지인의 차와 서로 지시등으로 연락하여 휴게소에서 차 한잔 나누는 찰나에 내가 특수학교로 전보할 수 있는 정보를 듣게 된다. 이런 순간의 만남이 어찌 이루어질 수 있었는지? 약속했어도 어려운, 상상 밖의 일이었다. 새해부터 적용되는 도교육청 인사규정으로 일반 학교 도시 근무 만기 자가 특수학교로 전보할 수 있는 정보였다. 나는 이 정보를 듣고 전보 카드를 특수학교로 바꾸어 제출했다. 특수학교 전보를 희망하는 경쟁자가 또 한 사람 있었다. 항목마다 동점이었으나 내가 시어머니를 모신 가산점을 받아 청각장애자 학교로 전보되었다. 학교에 부임하여 고등부 직업 교과를 가르치려고 실습실에 들어서니 꿈에 본 그대로 재봉틀이 줄지어 있었다. 한 치 앞도 볼 수 없는 미지의 세계 속에서 하나님께서 나를 위해 일하고 계셨다.

내가 교감으로 승진하려고 애쓰던 1998년, 교원 정년이 단축되는 큰 태풍으로 승진 점수가 말할 수 없이 낮아졌다. 내 힘으로 애써 노력한 가점이 없어도 관리직으로 충분히 갈 수 있게 마감되었다. '너의 승진, 내가 한다.'라는 하나님 말씀을 다시 떠올리며 하나님의 은혜에 감탄하지 않을 수 없었다. 그 후에도 시대의 바람은 나의 승진을 위해 불었다. 양성 평등 임용 제도가 시행되어 경남도교육청 감사에서 여성 관리자가 타지역보다 적다고 문책받아 꼴찌 줄에 있는 사람이 교장으로 임용되었다. 때를 잘 만난 운 좋은 사람이라고 말할 수도 있으나 나는 하나님께서 부족한 사람을 높은 곳에 세워 주셨다고 믿는다. 하나님의 보살핌 속에 우리 부부는 교장으로 정년 퇴임했다.

†

네가 잘못한 것이 한두 가지냐

40여 년간의 교직 생활을 내려놓고 자연인으로 돌아간다고 생각하니, 새로운 꿈에 부풀어 있었다. 자연으로 돌아가고픈 인간의 속성이었는지, 빡빡한 현실 속에서 펼치지 못한 낭만이었을까? 사계절의 어김없는 변화 속에서 자연과 사귀고 싶었다. 무엇이든지 할 수 있다는 무한한 가능성도 컸다.

사람은 꿈이 있으면 실천에 옮기는 일은 어렵지 않았다. 자연 속 전원주택을 그리며 땅을 사려고 주말마다 산과 들을 돌아다녔다. 어느 날, 산 중턱을 가로지르는 자동차 도로 쪽으로 가다가 바람결에 내뿜는 소나무 향기를 맡고 그곳에 차를 세웠다. 산 아래로 호수가 있고 서쪽 하늘의 노을이며 맑은 공기 등 수려한 경관이 나를 유혹했다. 중개업자는 마침 그곳에 집을 지을 수 있는 임야 300평이 있다고 했다. 마을과 거리는 멀었지만 길 아래 집이 한 채 있었다. 가격은 평당 십만 원, 아주 싸다고 생각하고 땅을 샀다. 나중에 안 일이지만, 그 당시 논밭의 가격이 평당 5만 원인데 임야를 10만 원에 샀으니 턱없이 비싼 가격에 산 것이다.

자연 속에서 그림 같은 집을 지어 살 것을 상상하며 몇 번이나 산에 가서 돗자리를 깔고 놀다 오기도 했다. 아들, 며느리를 불러 땅을 보여주기도 하고 지인들에게 땅의 아름다움에 열을 올렸다. 그러나 사람들이 이구동성으로 경관은 아름답지만, 이 산속에서 어떻게 살 수 있느냐고 했다. 여러 사람의 얘기를 종합해 보니 내가 현실감 없이 낭만에만 젖어 있었다는 생각이 들었다. 남편도 처음에는 반대했으나 내가 자연 속에 살고 싶은 꿈에 들떠 있어 더는 말리지 않았다.

사람의 마음은 쉽게 변했다. 자연에 대한 낭만은 가시고 땅에 대한 고민이 몰려왔다. 중개 부동산에 땅을 되팔아달라고 부탁하려 했더니 연락이 되지 않았다. 다른 부동산에서는 그곳은 집을 지을 수 있는 허가가 나야 팔 수 있는 땅이라고 했다. 마침 그 동네에 건축하는 사람이 있어 허가를 내주겠다고 자신에게 맡기라고 했다. 나는 그 사람을 믿고 계약했다. 몇 달 후, 그는 허가를 받을 수 없다고 내게 알려 왔다. 어느 정도 불가능하냐고 했더니 90%라고 했다. 그러면 처음부터 시작을 말아야지 지금 와서 그러면 어쩌느냐고 항의했으나 소용이 없었다. 나는 학교 안에서 우물 안 개구리처럼 살아 바깥세상으로 나오면서 호된 홍역을 치렀다.

허가도 받을 수 없는 땅을 사서 돈만 낭비한 일이 되나 싶어 마음고생이 심했다. 내가 부동산에 대한 지식도 없이 중개사나 건축가의 말만 믿고 혼자 저지른 일이라 밤마다 가슴앓이했다. 하소연할 곳은 하나님밖에 없었다. “하나님! 이 일을 어쩌면 좋겠습니까? 도와주세요.”라고 기도했다. 그때 하나님께선 “네가 잘못하는 것이 어디 한, 두 가지냐?”라고 말씀하셨다. 나도 모르게 “예, 하나님 제가 잘못한 것이 많습니다.”라고 대답했다. 하나님 책망에 대한 나의 긍정은 대화 중 가벼운 반응이었지, 하나님 앞에 무엇을 잘못하고 있는지 모르면서 한 대답이었다. 그리고 알려고도 하지 않았다.

기도가 끝난 후, 오히려 나는 뻔뻔하고 대담한 사람이 되었다. 이 일을 하나님께서 알고 계시니 나를 도와주실 것이라는 믿음이 생겼다. 나는 오랫동안 하나님의 사랑을 받아 누려온 익숙함에 빠진 교만한 사람이었다. 하나님은 내 의지의 해결사에 불과했다.

나는 하나님의 도우심을 믿고 군청에 찾아가 담당 직원을 만났다. 그는 도면을 보여주며 허가할 수 없다고 상세하게 설명했으나 나는 허가를 꼭 받아내겠다는 생각뿐이라 타 지역의 예를 들며 물러서지 않았다. 직원은 아무리 말해도 통하지 않으니까 현장에 가서 불가능한 이유를 설명하겠다고 했다. 그런데 그는 내 땅이 있는 곳, 못미처 차를 세웠다. “왜 여기에 차를 세우느냐.”라고 했더니 “이 땅이 아니냐.”라고 했다. 그는 땅을 잘못 안 것이 미안한지, 태도가 확 바뀌며 내 땅을 보고 가능할 것도 같다고 말했다.

드디어 땅에 집을 지을 수 있는 건축 허가가 났다. 아는 목사님 소개로 전원교회를 꿈꾸던 목사님이 작은 교회와 멋진 집을 세웠다. 산중이라 처음에 우물 파기가 어려웠지만, 오히려 약물이 솟아나 더 값진 곳이 되었다고 했다. 산 아래 호숫가에 드리워진 물안개와 석양의 노을, 아담한 교회 등 내게 사진으로 보내왔다. 나도 그곳이 어떻게 변했을까 궁금하여 상상의 나래를 펴면서 이곳 남양주에서 어렵게 찾아갔다. 목사님은 땅 모양을 잘 살려 멋지게 건축하고 정원을 잘 꾸며 놓았다. 벤치에 앉아 주위를 둘러보니 이 모든 것이 하나님의 작품이라는 생각이 들었다. 목사님도 나를 통해 예비하신 하나님의 선물이라고….

내가 저질러 놓은 일이 하나님의 인도하심으로 아름답게 마무리되었지만, 이 글을 쓰며 내가 언제까지 하나님 앞에 말썽꾸러기로 살 것인지 내게 묻고 있다. '네가 잘못한 것이 한, 두 가지냐.'라는 하나님 책망의 말씀을 되새기며 무릎을 꿇는다. 그래도 끝까지 사랑의 끈을 놓지 않으신 하나님께 감사드리며 이 글을 쓴다.

†

말씀과 기도로 뱀을 죽임

나는 교회를 나간 후부터는 신비한 꿈을 많이 꾸었다. 한국인이 가장 많이 꾼 꿈 1위가 '뱀 꿈'이라고 한다. 뱀은 보기에 징그럽기는 하나 해몽은 상황에 따라 다르다. 뱀을 죽였다면 길몽으로 해석하고 있다. 성경 말씀, 요한계시록 12장에서 "옛 뱀은 마귀 또는 사탄이라고도 하며 온 천하를 꾀는 자."라고 기록되어 있다. 마귀 사탄은 하나님의 계명을 지키며 예수 그리스도의 증거를 가진 자들과 싸우는 무리이다.

나는 퇴직 후 아들 집에서 손자를 돌보며 가사를 도왔다. 아들과 며느리는 교회에 나가지 않고 초등 2학년에 다니는 손자만 함께 했다. 낮에 손자와 함께 가정 예배를 드렸다. 손자는 또래보다 신체가 크고 활달한 성격으로 귀엽기 그지없었다. 신앙적인 면에서도 성경 말씀, "하나님은 영이시니 예배하는 자가 영과 진리로 예배할지니라."(요한복음 4:24)를 외우며 이 말씀에 은혜를 받은 것 같았다.

어느 날, 아들 집에서 뜻밖의 뱀 꿈을 꾸었다. 우리 집에 성도들이 와 있고 큰 뱀이 잡혀 와서 누워있었다. 뱀은 덩치가 큰 늙은 도마뱀 같은 모습이었다. 뱀 위에 돌 몇 개가 놓여 있었는데 어림도 없는 작은 돌이라 뱀은 언제라도 달려들 기세였다. 내가 성도들에게 "저 뱀을 좀 죽여 달라."라고 했더니 뱀을 죽인 후 자신들에게 돌아오는 앙갚음이 무서워 못한다고 했다. 나는 뱀이 무서워 안절부절못하고 있는데 손자가 보여 의지가 되었다. 손자에게 "저 뱀을 어떡하면 좋으냐?"라고 했더니 손자는 겁도 없이 뱀을 발로 차서 건드렸다. 뱀은 덤빌 기회를 보고 있었다는 듯이 손자에게 확 달려들려고 했다. 순간! 내 입에서 생각 밖의 성경 말씀이 튀어나왔다. "내가 그리스도와 함께 십자가에 못 박혔나니 그런즉 이제는 내가 사는 것이 아니요. 오직 내 안에 그리스도께서 사시는 것이라…."(갈라디아서 2:20) 나는 이미 죽은 몸, 손자를 지켜야 한다는 급박함이 하늘을 찔렀다. 이 와중에, 다듬잇돌이 내 옆에 있어 돌을 들어 뱀을 힘껏 내리쳐 죽였다. 이 갈라디아서 말씀은 교회에서 '제자의 삶'을 공부하며 힘들게 외운 말씀이다.

아들 집에서 또 뱀 꿈을 꾸었다. 큰 뱀과 길고 가는 백사 한 마리가 서로 엉겨 붙어 있었다. 백사는 머리를 들고 이 방, 저 방에 닿을 수 있을 정도로 길었다. 이 광경을 본 나는 어쩔 줄 모르고 애를 태우는데 우람한 몸집의 남성이 큰 뱀의 입에 손을 넣어 찢고 몸통을 토막 냈다. 나는 그때서야 정신을 차리고 보니 뱀 토막이 꿈틀거리고 있어 불 속에 넣어 태웠다. 백사는 죽이지 못했는데 도망갔는지 보이지 않았다. 그 후로, 아들 가정사가 순탄해지고, 아들이 변리사 자격도 따고 교회에도 출석하게 되었다.

꿈을 깨고 난 후에 뱀의 입을 찢은 그 힘센, 고마운 사람이 누구인지 궁금했다. 꿈에 본 사람의 몸집이나 얼굴이 내가 속해 있는 구역의 장로님이었다. 장로님은 평소 우리 가정을 위해 기도를 많이 하는 사람이었다. 교인들은 한 구역이 되면 형제 같은 공동체 의식이 생긴다. 각 가정을 순회하며 예배를 드린 후 음식을 나누면서 친분을 쌓기도 한다. 특히 구역장은 구역원의 가정사에 동고동락, 그 이상이었다.

뱀이 아들 집에 잡혀 온 것이나 뱀 위에 있었던 작은 돌, 뱀을 내리친 다듬잇돌 등은 구역원의 기도 능력이라고 생각한다. 제자의 삶을 배우며 외운 성경 말씀도 영적인 세계에서 무기가 되었다. 하나님의 말씀은 예리한 검이라고 말하고 있다. "하나님의 말씀은 살아 있고 활력이 있어 좌우에 날선 어떤 검보다도 예리하여 혼과 영과 및 관절과 골수를 찔러 쪼개기까지 하며…."(히브리서 4:12) 기독교의 기본이 되는 말씀과 기도는 세상의 가치관으로 보면 무기의 형체가 아니다. 그러나 영적인 세계에서 예리한 칼이나 돌이 되어 마귀 사단인 뱀을 죽일 수 있었다.

꿈의 신비를 쉽게 해석할 수는 없다. 그러나 정신과 의사 전현수 박사는 모든 꿈은 의미가 있고 꿈의 내용이 심리상담 치료에도 이용될 정도로 중요하다고 말한다. 눈에 보이는 것만이 힘이 있는 것이 아니다. 교회 중심, 말씀 중심의 공동체 신앙생활이 하나님의 능력에 힘입어 가정의 평안을 가져올 수 있었다.

"한 사람이면 패하겠거니와 두 사람이면 맞설 수 있나니 세 겹줄은 쉽게 끊어지지 아니하느니라."(전도서 4:12)

†

찬양대원으로 봉사하며

나는 진주 사범학교에 입학했으나 1학년 때는 사범학교 뺏지를 달았고, 2학년 때는 1회 교대학생과 같이 공부했다. 졸업할 때는 경남실업고등학교 1회 졸업생이 된다. 그 당시 문교 행정의 일관성 없는 어수선함을 보여주는 결과이다. 엎친데 덮친 격으로 고등학교를 어렵게 졸업하고 부산대학 약학과에 떨어지고 나니, 가족은 오히려 잘 되었다는 눈치였다. 나는 여기에서 포기할 수 없어 이를 악물고 독학으로 재수하여 진주 교대에 입학했다. 초등학교에서 음악 지도를 할 수 있는 정도의 실력이 되어 무슨 곡이든지 악보를 보고 노래할 수 있었다. 나중에 느꼈지만, 하나님께서 나를 찬양대로 세우기 위해 고난 중에 연단하여 여기까지 인도했다는 생각이 들었다. 이런 믿음이 있었기에 교회에 나가자마자 찬양대에

섰다.

나와 같은 학교에 근무하는 연세 많으신 여 선생님이 우리 교회 부흥회에 참석하여 찬양대 찬양을 듣고 악평했을 때의 일이다. 첫째 날 부흥회 때 부른 찬양이 찬양 대원인 내가 들어도 화음이 되지 않은 것은 사실이었다. 책도 모자라 두 사람이 같이 보게 되어 키가 작은 나는 얼굴이 가리어지게 되었다. 부흥회를 마치고 귀가하는 길에 그 사람이 "오늘 찬양대 찬양, 그걸 찬양이라고 하느냐, 책으로 얼굴을 가렸다는 둥." 나의 부끄러움을 꼭 집어 말해 다소 섭섭한 마음이 들기도 했다. 그 사람은 평소 언니처럼 허물없이 지내는 사람이었다.

둘째 날은 찬양을 잘한 것 같아 그 사람에게 "오늘 찬양 잘했지요?"라고 했더니 "내가 다시는 찬양에 대해 평하지 않기로 다짐했다."라고 했다. 어제 찬양을 잘못했다고 말하고 나와 헤어져 걸어가는데 "내가 가수의 노랫소리를 듣고 싶어 하는 줄 아느냐,"라고 소름 끼칠 정도로 호통치는 소리가 들렸다고 했다. 하나님께서 찬양의 잘잘못을 떠나 성도의 마음 중심을 보시는 것 같았다. 나는 찬양대에 참가하는 열성만은 대단했다. 누가 뭐래도 하나님께서 나를 세워 찬양을 받으신다는 믿음이 있어 당당했다.

밀양성결교회에서 마산상남교회로 옮겨 찬양 대원으로 봉사할 때의 일이다. 도시로 옮긴 내 생활은 매우 바쁜 나날이었다. 내가 찬양대에 앉아 회중을 보니 이곳은 찬양할 사람이 많았고 또 같은 찬양 대원 중, 한 젊은 사람이 함부로 대해 기분이 상했다. 이런 일을 핑계 삼아 내가 찬양대의 일을 그만두어야 할 시기가 온 것 같았다. 부정적 생각에 쏠려 오늘 찬양을 끝으로 그만둔다는 마음속 다짐을 했다. 나의 결단이 끝남과 동시 "너 시골 교회에서 찬양대로 선 것 네 힘으로 했느냐?"라는 말이 크게 들렸다. 나는 뜻밖의 소리에 놀라 "예 하나님, 내 힘으로 한 것이 아닙니다."라고 반사적으로 대답하고 말았다. 내 삶의 주인공은 하나님이셨다. 그 후로 하나님께서 나를 찬양 대원으로 부르고 세웠다는 생각이 들어 다시는 찬양대를 떠나지 않았다.

우리의 삶에는 무슨 일이든지 평탄대로는 없다. 선한 일을 하여도 박수받을 때도 있고 창피스러울 때도 있다. 그동안 찬양대로 봉사하며 지휘자로부터 가사 발음이 틀린다고 여러 사람 앞에서 지적을 받은 적도 있다. 나의 경상도 발음으로는 '어' 자와 '으' 자가 틀리기 십상이다. 음악가는 거칠고 틀린 음에 민감했다. 또, 성도 중 누군가가 "나이 든 사람이 왜 그만두지 않고 오래 찬양대에 서느냐."라고 말하는 사람도 있었다. 그러나 나의 부족함이나 부정적인 말에 신경 쓰지 않고 코로나19 발생 전까지 40여 년간 찬양대로 봉사했다.

그런데 뜻밖에 나를 포함한 시니어 몇 사람이 부활절에 찬양할 기회가 주어졌다. 어머니 기도회 팀장이 몇 권사들의 찬양 소리가 아름답다고 말하자 목사님이 교회 행사가 많으니 무대에 서라고 권했다. 비록 나이는 80대 전, 후였지만, 모두 옛 찬양 대원이라 마음을 모았다. 시니어들은 너무나 벅찬 나머지 카톡에 곡을 담아 가사를 외우고 최선을 다해 연습했다. 가사 외우기가 얼마나 힘이 드는지, 진땀을 뺐다. 우리의 찬양에 성도들의 탄성이 터지고 유튜브에 올라가 조회수가 1,000회를 넘었다. 장로 • 권사 취임식에서도 또, 부름받아 벅찬 삶을 살고 있다. 목사님은 '백합 권사 중창단'이란 이름도 지어 주셨다. 모든 것이 하나님의 은혜였다.

시편 69편에 우리가 드리는 찬양이 뿔 달리고 굽 달린 황소를 바치는 것보다 주님을 더 기쁘시게 한다고 말한다. 하나님을 향한 감사의 노래로 그의 위대하심을 알리고 싶다. 찬양의 위력이 교회와 가정, 온 성도에게 신앙생활의 힘이 되기를 바란다.

3장
따라잡기 신앙

†

그럼에도 불구하고의 감사

스웨덴 가수 '레나 마리아'는 이 감사의 계절에 나는 어떻게 감사할까, 자신에게 물어본다고 한다. 그녀는 태어날 때부터 두 팔이 없고 한쪽 다리가 30cm밖에 되지 않는 중증 지체 장애인이다. 그녀가 태어났을 때 의사는 아기를 3일 동안 부모에게 보여주지 못했다고 한다. 그녀는 "두 팔이 없는 불편함은 말할 것도 없고 바로 걸을 수도 없지만 한 발로 그림을 그리고 피아노를 칩니다. 그러나 제 삶이 주는 모든 것에 감사하는 마음으로 노래합니다."라고 말하고 있다. 이에 반해 사지가 멀쩡한 많은 사람이 감사하지 못한다면 또 다른 장애라고 생각하지 않을 수 없다.

감사와 비교되는 말은 불평, 불만이라고 생각하기 쉽다. 하지만 이는 감사하지 못했을 때 나오는 결과에 대한 반응일

뿐 '당연함'이 더 가깝다고 말하는 사람도 있다. 내가 마시는 공기와 물, 함께 하는 가족, 건강 등이 당연한 것으로 여겨지면 감사하다고 생각하지 않는다. 그 당연한 것이 없어지고 나서야 뒤늦게 소중함을 발견하게 된다. 요즘 코로나19로 발이 묶인 채 대면하지 못하는 일상에서 지난날이 당연한 것이 아니라는 것을 실감하게 되었다. 이 세상에는 '당연한 것'이란 없다고 하는 말이 맞는 것 같다. 세상의 모든 것에 감사하라는 의미가 아닌가 싶다.

평소 우리는 상대방에게 대응하는 말로 쉽게 '감사하다'라고 말한다. 무엇을 해 주셔서 감사하고, 해 주신다면 감사하다는 조건부 감사이다. 또 다른 사람과 비교하여 상대가 나보다 불행하다고 여기면서 위안으로 얻어지는 상대적 감사 등은 진정한 감사라고 말할 수 없다. 진정한 감사는 '그럼에도 불구하고의 감사' 일 것이다.

레나 마리아처럼 한 다리만 사용할 수밖에 없는 불편한 생활 속에서도 감사한 삶을 살 수 있었던 것은 자신에게 없는 것을 불평하지 않고 주어진 좋은 것을 찾아 꿈을 펼쳤기 때문이다. 그녀는 "모든 사람은 동등한 가치와 삶의 의미를 지니고 태어난 소중한 존재."라고 말한다. 이 말은 레나 마리아의 모습을 직접 대하거나 상상해 본 사람들에게 큰 감동을 주고 있다. 그리고 시련을 겪고 있는 사람들에게는 다시 일어날 수 있는 용기를 갖게 한다. 그녀는 신앙생활을 통해 자신의 약함을 도와 역사하시는 하나님으로부터 힘을 얻었고 자신이 가진 좋은 목소리로 노래하면서 다른 사람에게 희망을 주는 삶의 목적을 발견했기 때문이다. 그녀의 목적 있는 삶은 신체적 악조건을 뛰어넘는 큰 기쁨이었고 약하고 보잘것없는 자신을 혼자 두지 않으시고 함께 하시는 하나님께 진정한 감사로 이어지고 있었다.

사도 바울은 하나님으로부터 여러 계시를 받아 주로 이방인들에게 그리스도교를 전파하고 여러 권의 신약성경을 쓴 사람이다. 그는 순교 당하기 전 쓴 편지, 고린도후서 12장에서 몸이 병약하여 하나님께 세 번이나 간절히 기도했으나 자신을 자만하지 않게 하려고 하나님께서 들어주시지 않았다고 한다. 또 그는 나의 여러 약한 것에 대하여 자랑하리니 이는 그리스도의 능력이 내게 머물게 하려 함이라고 말하고 있다.

나는 해방 직후에 섬마을에서 태어나 네 살에 어머니를 여읜 슬픔에 잠긴 아이였다. 별로 넉넉하지 못한 가정 형편에 진주에서 고등학교와 대학을 다니며 배고팠던 학창시절이 아직도 마음 구석에 남아있다. 하나님께서는 나의 약한 손을 잡아 일으켜 교사 자격증을 받게 하시고, 날아다니게 하셨다. 모든 것이 약한 나를 돌아보신 하나님의 긍휼하심이었다.

사람은 똑같은 상황을 만나더라도 감사할 수도 있고 당연히 여길 수도 있으며 오히려 불평할 수도 있다. 나는 레나 마리아의 '그럼에도 불구하고의 감사'를 보며 뒤늦게 뉘우친다.

얼마 남지 않은 나의 삶 속에서 하나님을 향한 진정한 감사의 노래를 부르고 싶다. 삶이 어렵고 힘드시나요? 그곳에 반드시 하나님이 머물고 계신다는 것을 믿고 의지하세요. 따뜻한 하나님의 손길을 느낄 것입니다.

†

어느 노파의 신앙생활

새벽 5시경 새벽 기도회에 참석하기 위해 차를 주차하면, 허리가 굽은 채 어깨에 작은 가방을 메고 내 옆을 씩씩하게 걸어가는 노파가 있다. 그녀는 같은 교회에 다니는 사람으로 80세가 넘었다. 오로지 하나님께 기도를 드린다는 일념으로 땅만 보면서 걷는다. 하루도 빠지지 않고 기도회에 참석하며 앉는 자리도 왼쪽 앞자리로 정해져 있다.

어느 날 그 노파는 손수레에 폐지 상자를 가득 싣고 모자를 눌러쓴 채 길을 가고 있었다. 나는 깜짝 놀라 아는 체할까 말까 망설였다. 마침 그때 교회에서 국수를 무료로 대접하는 시간이라 국수 드시라고 권하며 아는 체를 했다. 그러나 다음에 하겠다고 거절하며 힘들게 손수레를 몰고 도망치듯 가버렸다. 평소 보기에도 생활이 넉넉하지 않은 것 같았지만,

많은 나이에 폐지를 모으는 생활을 보니 마음이 아팠다.

코로나19로 교회에서 몇 달간 온라인 예배를 드리다가 성전에서 예배를 드리게 된 첫날이었다. 노파는 흰 봉투를 몇 개씩 묶은 다발, 여러 개를 두 손에 쥐고 헌금함 앞에서 나와 마주쳤다. 그동안 교회에 오지 못해 집에서 헌금을 모아 오늘 모두 가져왔다고 했다. 내가 보니 매주 마다 헌금 봉투 하나씩 준비한 것 같았다. 봉투마다 헌금이 얼마쯤 들어 있는지 모르지만, 아마도 폐지를 모아 판 돈이 아닐까 하는 생각이 들었다. 날마다 하나님의 은혜를 생각하며 드리는 감사의 예물, 노파의 정성 어린 마음에 놀라지 않을 수 없었다. 한편 나의 의례적으로 드리는 헌금이 부끄럽기도 했다.

하나님께서는 성도가 내는 헌금의 많고 적음을 보지 않고 그 마음을 보신다고 성경에서 말씀하신다. 마가복음 12장 41~44에서 예수님은 제자들에게 말하고 있다. 한 가난한 과부는 두 렙돈(로마 화폐 중 가장 작은 단위), 곧 한 코드란트를 내었으나 모든 사람보다 많이 넣었다고 칭찬한다. 부자는 그 풍족한 가운데서 일부를 넣었지만, 이 과부는 가난한 중에서 자기의 모든 소유, 곧 생활비 전부를 넣었다고 말한다. 하나님께서 우리의 삶 전체를 꿰뚫어 보는 대목이다. 하나님께서 받으시는 것은 헌금을 준비하는 정성스런 마음이었다.

성경 이사야서를 통해 하나님께서 또 말씀하셨다. 헛된 제물을 다시 가져오지 마라, 너희가 많이 기도할지라도 듣지 않겠다고 예물을 거부한다. 악한 행실을 버리고 고아와 과부를 도와주는 선행과 정의를 배우라고 강조한다. 예물에 앞서 우리의 삶 전체가 하나님 앞에서 순수하고, 진실함으로 나아가야 할 것이다. 꼭 돈이 아니라도 시간, 몸, 재능 등을 감사함으로 드릴 수 있다.

노파는 헌금뿐만 아니라 주일예배를 드리는 마음가짐도 남다르다. 한복을 곱게 차려입고 예배를 드린다. 한복의 색깔은 바랠 정도로 오래된 옷이다. 그러나 하나님을 향한 노파의 마음은 청춘이다. 모든 교회 행사에도 꼭 참석한다. 나중에 알게 된 사연이지만 아들이 경기도 남부지역에서 목사로 봉직하고 있다고 한다. 아들을 하나님께 바치고 아들의 목회가 성공하기를 바라는 마음이 지극하기 때문일까? 그는 교회 행사 때 앞에 나와 발표할 때도 하나님께 드릴 것은 그저 감사뿐이라고 한다. 노파의 신앙생활은 성도들의 귀감이 된다.

이 땅에 많은 성도가 신앙생활을 하고 있지만, 얼굴이 모두 다르듯이 신앙생활의 무게가 다르다. 앞서가는 사람을 보면 따라가려고 노력하고, 뒤처진 사람은 손잡아 주는 마음의 자세가 필요한 것 같다. 물질이 있는 곳에 마음이 가고 마음이 있는 곳에 행함이 있었다.

†

이탈리아 의사의 고백

이 글은 이탈리아의 롬바르디아주 율리안 우르반(Lulian Urban, 38세) 의사가 2020년 코로나19 전염병에 걸린 환자들을 치료하며 쓴 글이며 인터넷에서 찾아볼 수 있다. 우리나라도 코로나19로 몸살을 앓고 있지만, 이탈리아의 사정은 더욱 심각한 것 같다.

3월 29일 현재 하루 신규 사망자가 776명에 이르고 누적 확진자 수가 97,689명 사망자는 10,779명으로 치명률 11%로 세계 최고를 나타내고 있다. 인간이 할 수 없는 극한 상황에서 치료하던 의사들이 인간의 무력함을 실감하게 된다.

코로나19로 극한 상황에 처한 의사의 말이다. 수많은 악몽 같은 순간을 지나왔지만 지난 3주 동안 여기 우리 병원에서 발생한 일을 내가 직접 보고 경험할 것이라고는 상상도 해본

적이 없습니다. 그 악몽은 현재 실제로 흐르고 있고 또 더욱 거대해져만 가고 있습니다. 처음에는 몇 명이 병원으로 실려 왔고 그다음은 몇 십명 그리고 몇 백명이 몰려왔습니다. 이제 우리는 더 이상 의사가 아닙니다. 그저 누가 살 수 있고 누가 죽음을 맞으려 집으로 보내져야 하는가를 결정하고 라벨을 붙이는 사람들에 불과합니다. 비록 그들이 평생 이탈리아에 세금을 성실히 납부했다 해도 그들은 죽음을 준비하도록 집으로 되돌려 보내집니다.

2주 전까지만 해도 나와 내 동료는 무신론자였습니다. 우리는 하나님의 임재 같은 것은 믿지도 의지하지도 않았고 그저 사람을 치료하는 논리적 학문으로서 의학을 배웠습니다. 나는 언제나 내 부모님이 교회에 나가는 것을 비웃었던 사람입니다. 그런데 9일 전 75세의 한 목사가 바이러스 확진자로 우리 병원에 도착했습니다. 그는 친절한 사람이었습니다. 호흡 곤란의 심각한 문제를 가지고 있었는데도 병원까지 성경을 지니고 왔습니다. 그는 주위에 죽어가는 이들의 손을 잡아 줄 뿐만 아니라 그들에게 성경을 읽어주곤 했습니다. 그리고 그것은 우리에게 깊은 인상을 가져다주었습니다. 우리가 처음 그의 전하는 말을 듣는 약간의 시간을 가졌을 때 눌리고 낙담한 의사들이었고, 그는 정신적으로나 육체적으로 곧 끝난 것 같은 상태였습니다.

지금 우리는 고백할 수 있습니다. 한낱 무력한 인간인 우리는 매일 수많은 사람이 죽어 나가는 이 상황에 대하여 무엇을 할 수 없는 한계에 이르렀습니다. 우리는 지쳤고 우리의 동료 2명은 사망했으며 다른 동료는 이미 바이러스에 확진되었습니다. 인간이 할 수 있는 일이 끝나는 상황에서 우리는 하나님이 필요함을 깨달았습니다. 그리고 짧은 몇 분의 휴식 시간이 주어질 때마다 우리는 하나님께 기도하기 시작했습니다. 서로 얘기를 나눕니다. 치열한 무신론자였던 우리가 지금 매일 우리의 평안을 구하고 우리가 환자들을 잘 돌볼 수 있도록 도와주시기를 주님께 구하고 있는 우리 자신을 믿을 수가 없습니다.

어제 75세의 그 목사는 돌아갔습니다. 지금까지 3주 동안 120명이 사망했고 우리 또한 모두 지칠 대로 지치고 무너졌지만, 그분은 자신의 위중한 상태와 어떻게 도와드릴 수 없는 우리의 어려운 환경에도 불구하고 평안을 가져다주었습니다. 그 평안은 우리에게 새 힘을 불어넣어 주었습니다. 그 목사님은 주님 품으로 돌아갔으며 현재 상황이 계속 이어진다면 아마 우리도 곧 그의 뒤를 따를 것입니다.

나는 6일째 집에도 들르지 못했고 언제 마지막 식사를 했는지조차도 모르겠습니다. 나는 지금 이 땅에서 나의 무익함을 깨닫지만, 나의 마지막 호흡을 다른 이들을 돕는데 줄 수 있기를 원합니다. 비록 나는 동료의 죽음과 그들의 고통에 둘러싸여 있지만 내가 하나님께로 돌아온 것에 대한 기쁨이 넘칩니다. 나는 '이제 하나님의 임재하심'을 믿습니다. 하늘나라를 바라보는 목사님은 죽는 순간까지 복음을 전하며 생을 마감했습니다. 그가 돌아가시며 나에게 주고 간 하나님의 평안과 기쁨은 이 땅에서 하나뿐인 생명 위에 있었습니다. 이 땅에서의 죽음이 끝이 아님을 증명하고 있습니다.

사람이 하나님을 의지하는 믿음을 갖는다는 것은 쉬운 일이 아니다. 코로나19가 몰고 온 극한 상황 속에서 인간의 무력함은 절실했다. 이탈리아의 한 의사는 어느 목사님께서 돌아가시는 순간까지 복음을 전하며 생을 마감하는 삶을 보며 하나님을 의지하는 믿음을 갖게 된다. 사람의 힘으로 무엇이라도 할 수 있다는 자존감은 무너지고 하나님을 의지함으로 오히려 평안함과 기쁨이 넘친다고 고백하고 있다. "믿음이 없이는 하나님을 기쁘시게 하지 못하나니 하나님께 나아가는 자는 반드시 그가 계신 것과 또한 그가 자기를 찾는 자들에게 상 주시는 이심을 믿어야 할지니라."(히브리서 11:6)

†

영하 40도의 사랑

故이어령 교수는 "과학은 설명할 수 있는 것을 설명하며 예술은 설명할 수 없는 것을 설명하고 종교는 설명해서는 안 되는 것을 설명한다."라고 말했다. 종교는 자신만이 체험한 주관적인 것을 말하기 때문에 다른 사람의 공감을 얻기 어렵다. 나도 40여 년 전에 교회를 나가면서 인간의 이성을 뛰어넘는 기적을 체험한 후, 성경을 하나님 말씀으로 확신하게 되었다. 사람은 자신이 직접 불가사의 기적을 체험해야 하나님 앞에 무릎을 꿇는다. 이어령 교수의 딸 故이민아 목사는 "하나님의 기적은 순간의 기쁨이고 하나님의 사랑은 영원하다,"라고 말했다.

이민아 목사는 이화여대 영어영문학과를 졸업함과 동시 결혼을 하고 미국 유학 생활을 시작한다. 부모님이 반대한 결혼이어서 학비나 생활비를 스스로 부담해야 했다. 유학 생활 중에 첫아들을 낳고 5년 만에 파경에 이르는 아픔을 겪는다. 재혼하여 새로운 삶을 시작했으나 마음은 말할 수 없이 가난했다. 친구의 권유로 32세에 교회에서 세례를 받고 신앙생활을 시작하게 되었다.

세례를 받은 3개월 뒤에 갑상샘암 수술을 받았고 4년 후에 재발하여 10년 동안 견디기 힘든 투병 생활을 했다. 암이 재발한 후에는 자녀를 두고 어쩌면 죽을지도 모른다는 두려움에 하나님을 믿어도 소용이 없다고 생각하고 교회에 나가지 않았다. 그런 와중에 둘째 아들이 갑자기 자폐증과 과잉행동으로 초등학교에 적응하지 못하여 다섯 번이나 학교를 옮긴다.

그녀는 이런 시련을 극복하기 위하여 하나님께 매달리기도 하고, 때로는 하나님을 원망하며 주저앉기도 했다. 그 와중에 자신의 갑상샘암은 하나님의 은혜로 낫는 기적을 체험한다. 그러나 아들이 자폐증을 앓고 있어 생활 근거지를 하와이로 옮겨 치유 사역의 통역을 맡아 일할 때 갑자기 눈이 안 보이게 된다. 망막이 완전히 떨어져 나가 운전도 할 수 없고, 아이들도 제대로 볼 수 없는 실명의 위기를 만난다. 이때 아버지 이어령 교수가 딸의 소식을 듣고 와서 "만약 딸의 눈을 보게 해 주신다면 자신이 하나님의 일을 하겠다."라고 서원기도를 한다.

그 후 이민아 목사가 치유 사역 집회에 참석했을 때, "지금 이 자리에 실명한 사람을 하나님께서 치료해 주겠다고 하십니다."라는 말을 듣고 나가서 기도를 받았다. 그녀는 믿음으로 넓은 집회 장소를 두 바퀴 돌아 많은 사람에게 하나님의 영광을 드러내며 치유 받았다. 자신의 병도 낫고, 아들의 자폐증도 완전히 낫는 기적, 그렇게 완고하시던 아버지가 세례를 받는 기쁨 등 그동안의 고민이 한꺼번에 해결되면서 이 땅에서의 승리를 외치고 있었다.

기쁨도 잠시, 큰아들이 버클리대학을 나와 법학 공부를 준비하는 중에 갑자기 혼수상태에 빠진다. 아들은 예수님을 영접한 아이였고, 그녀는 하나님의 사랑과 기적을 체험했기에 아들이 살아날 것을 기대하며 열심히 기도했지만 결국 19일 만에 천국으로 떠나고 만다.

하나님은 이해되지 않는 아픔 속에서 주저앉은 그녀에게 말씀하셨다. "나는 너를 사랑하여 나의 독생자 예수를 너에게 주었는데 그를 믿는 자마다 영원히 죽지 않는다는 것, 나를 믿는 자는 죽어도 다시 살아나는 것을 네가 믿느냐?"라고 말씀하셨다. 그녀는 울면서 대답했다. "하나님 아버지, 저와 아들을 사랑하시는 것은 믿습니다. 그러나 지금은 하나님의 뜻을 이해할 수 없습니다. 그렇지만 내 생각을 내려놓고 하나님의 뜻을 따르겠습니다."라고 말했다.

그녀는 하나님의 위로 가운데 그나마 힘을 얻어 아들의 장례를 치른다. "예수님의 보좌에 내 아들, 유진이가 있음을 믿습니다. 엄마 아빠가 이혼하여 그때 흘린 아들의 눈물과 상처를 씻어 주시고, 지금까지 좋은 아이로 자라게 해 주셔서 감사합니다."라고 기도를 드렸다. 하나님께서 아들의 무덤에 비석을 세우는 날, 비문의 내용을 말해 주셨다. 요한복음 14장 2절에 있는 말씀 중, '내 아버지 집에는 쉴 곳이 많다.'로 기록하게 하셨다. 그리고 유진이가 천국에 있는 자기 방을 보고 기뻐하는 모습도 환상으로 보여 주셨다.

아들이 떠난 후에 그녀는 앞도 옆도 보지 않고 청소년 사역에만 몰두했다. 우리나라를 비롯하여 아프리카, 중국에서 많은 청소년이 그녀를 신앙의 어머니로 따랐다. 아프리카에서 삼천 명이 하나님께로 돌아오는 전도의 열매를 맺기도 했다. 이 땅의 가치관으로 보면 그녀의 삶은 고난의 연속이었고 실패로 끝난 것 같은데 '하나님은 사랑이시다.'라고 외치면서 하나님의 일을 했다. 그러던 중, 암이 또 재발하여 아들의 뒤를 따라 53세에 하나님의 부르심을 받는다.

그녀의 아버지 이어령 교수는 이런 딸의 고난을 영하 40도의 사랑이라고 말한다. 그녀는 영하 40도의 혹독한 추위를 하나님의 불같은 사랑으로 견디며 감사로 삶을 마감했다. 사람이 죽은 후에 하늘나라가 있음을 증명하고 있다.

†

문지방 위의 대화

故이어령 교수는 교육자, 정치인, 언론인으로 우리나라 인문학 학자로서 최고의 지성인으로 꼽히는 인물이다. 그가 평생 배우고 쌓은 학문과 지성을 뛰어넘어 칠순을 넘긴 나이에 미련해 보이는 복음을 받아들였다. 자신은 이제 겨우 지성에서 영성으로 가는 문지방을 밟은 사람이라고 말한다.

이어령 교수가 기독교를 믿게 된 계기는 딸, 이민아 목사와의 관계에서 이루어진다. 딸의 어린 시절, 글쓰기에 바빠 방문을 열고 달려온 딸에게 아빠의 뒤통수만 보여 준 아픔이 있었다고 한다. 딸이 학교에서 수석의 자리를 놓치지 않은 것도 아빠의 딸로서 인정받으려는 몸부림이었다는 것을 뒤늦게 알게 된다. 그러나 딸이 결혼에 실패했을 때, 암에 걸려 힘들어할 때, 실명의 위기를 만났을 때, 아빠로서 아무것도 도와주지 못하는 무력함을 느낀다.

그 후 첫 외손자의 죽음이나 둘째 외손자가 자폐증을 앓을 때도 자신이 가진 지식이나 보물처럼 여긴 명예, 돈, 그 어떤 것도 무익하다는 것을 깨닫게 된다. 딸이 고난의 터널을 지날 때 함께 하셨던 하나님 아버지, 그분의 사랑 앞에 이어령 교수는 무릎을 꿇고 세례를 받는다. 그는 무신론자이었을 때 교회를 비판하는 글을 많이 썼다고 한다. 그러나 성경을 읽으면서 햇볕 속에 있는 자외선이나 적외선을 볼 수 없는 것처럼 눈에 보이지 않는다고 없는 것은 아니라고 생각하게 된다. 그는 성경을 하나님의 말씀으로 믿으며 문지방 위의 대화를 하고 있다.

기독교의 원리는 우선 버리는 것이다. 예수님이 가족이나 고향을 버리고 인간에게 가장 소중한 목숨까지도 버린 것처럼 일상의 가치를 뒤집어야 한다. 십자가는 버림의 극한이고 그 고통을 통해 부활의 기적을 이룬다. 우리가 보기에는 다 박복한 것인데 예수님은 이런 역설을 가르치고 있다. 버려야 얻을 수 있다. 예수님이 사람의 죄를 대신하여 십자가에서 돌아가셨기에 영생을 얻는 길이 열린 것이다.

인생이란 15분 늦게 들어선 영화관과 같은 것이다. 놓쳐버린 15분 줄거리를 찾기 위해 자신의 지성을 총동원하고 영성에 매달리기도 한다. 빛과 어둠 사이의 황혼이 아름답듯이 비 크리스천에서 크리스천으로 넘어가는 문지방에는 긴장의 노을이 있다. 지성을 넘어 영성으로 가려면 자신이 문을 두

드리지 않으면 하나님은 절대 열어주지 않는다. 그것은 인간에게 자유의지를 주었기 때문이다. 지성이라고 하는 욕망이 두드리려고 하지 않기 때문에 안 열어주시는 것이지 누구든지 두드리면 다 열어 주신다.

성경의 말씀을 조각내면 하나도 믿을 게 없지만, 전체를 읽고 느끼면 초월적인 영성이 다가온다. 성경이나 기독교를 안다는 것은 내가 예수님의 몸 안으로 들어가서 예수님을 알고 그의 메시지를 믿음으로 받아들이는 것이다. 성경에서 조각난 것을 하나씩 맞추어 그 속에서 인생의 진리를 깨닫게 된다.

기독교인은 매일 죽고 매일 태어나야 한다. 자신이 토끼인 줄 알고 살았는데 거북이라는 것을 깨닫게 된다. 인간이 오만에서 벗어나는 것, 휴먼 프라이드를 버리는 것, 그것이 기독교인들의 가장 위대한 변화이다.

성경은 "먼저 된 자가 나중 되고 나중 된 자가 먼저 된다."(막 10:31)라고 한다. 인간 논리에 맞는 이야기만 한다면 무엇 때문에 예수님을 믿겠는가? 아침 일찍부터 와서 일을 많이 한 사람과 오후 시간에 와서 일을 적게 한 사람에게 오히려 늦게 온 사람을 먼저 챙기면서 똑같은 임금을 주니 나 같은 사람도 믿음의 반열에 함께 할 수 있었다.

그는 마지막으로 인간의 초월적 영성의 경지를 말한다. 인간의 한계를 절실히 느끼는 삶에서 고독이 밀려오면 완벽한 사랑을 구한다. 당신이 내가 되고 내가 당신이 된, 한 몸이 된 사랑을 느낄 때 주님의 뜻이 우선 되는 영성을 갖게 된다. 하나님 외에 아무도 수정할 수 없는 삶이 전개된다.

딸이 견디기 어려운 고난 중에도 오히려 감사하며 생을 마감했듯이 자신도 그 길을 따라갔다. 그는 암에 걸려 신체적 고통을 받으면서도 넉넉한 마음으로 주옥같은 문지방 위의 대화를 남기고 향년 89세에 하나님의 부르심을 받는다. 두 사람 모두 하나님을 신뢰하는 믿음으로 꿋꿋이 떠났다. 그들은 지성에서 영성을 넘어 하늘나라에 들어갔다고 확신한다.

†

누가 내 옷자락을 만졌느냐

교회 부흥사경회가 열렸다. 부흥사경회란 교회의 부흥을 위한 성경 강해와 연구를 중심으로 모인 집회를 말한다. 주제는 '그대들, 다시 첫사랑의 정열로 일어서라.'로 강사는 장로신학대학교 총장 김운용 목사님이셨다. 말씀은 마가복음 5장에 열두 해 혈루증을 앓아 의사의 진료를 받았으나 효과도 없을뿐더러 가산을 탕진하였고 더 이상 병이 나을 소망이 없는 한 여인의 이야기로 시작된다. 성경 말씀을 동화처럼 잘 풀이하여 들려주시고 중간에 은혜로운 찬양을 부르며 실감나게 이끌어 가셨다. 대목마다 이름 있는 시인의 시도 읊어 주어 나는 재미있는 영화를 감상하듯 설교 말씀을 들었다.

성경의 사복음서에는 예수님이 난치병을 치료하는 대목이

많이 기록되어 있다. 그러기에 예수님이 지나가는 길에는 항상 사람이 몰려와 붐볐다. 열두 해 혈루증을 앓은 여인은 어떻게 해서든지 예수님을 만나면 살 수 있다는 믿음으로 사람들의 틈바구니에 뛰어들었다. 겨우 예수님의 옷자락만 만질 수 있었는데도 혈루 근원이 마르면서 병이 나은 것을 느꼈다. 예수님도 여인이 옷자락을 만질 때 자기 능력이 빠져나간 것을 아시고 '누가 내 옷자락을 만졌느냐?'라고 물으시며 찾고 있었다.

병이 나은 여인이 예수님 앞에 두려워 떨며 엎드렸을 때, "딸아 네 믿음이 너를 구원하였으니 평안히 가라, 네 병에서 놓여 건강할지어다."라고 말씀하셨다. 목사님은 이 장면을 여인이 예수님의 옷자락을 만진 것이 아니고 예수님의 심장을 만진 것이라고 하셨다. 예수님의 심장에는 죄인을 향한 애간장이 녹는 긍휼함이 있었고, 여인은 그 사랑을 알기에 병 고침을 받은 것이라고 했다. 예수님이 여인을 찾은 이유는 대가를 지불하라고 찾은 것이 아니라, 앞으로 옷자락을 만진 그 '간절함'으로 살아가라고 당부하고 싶었기 때문이다. 나는 목사님의 말씀을 듣고 내게 예수님을 향한 간절함이 있는지 뉘우치게 했다.

목사님은 자신이 예수님을 만난 사건을 얘기하면서 모든 것이 하나님의 은혜, 한없는 은혜로 여기까지 왔다고 하셨다. 신학대학 다닐 때 점심시간이 되면 식권이 없어 학교 뒷산에 올라가 물 한 바가지 마시고 내려올 때 또 한 바가지 마시며 배를 채웠다고 한다. 신학대학 가는 것을 반대한 부친이 경제적 도움을 전혀 주지 않아 온갖 아르바이트로 생활해도 등록금을 제때 낼 수 없었다. 친형에게 빌어 겨우 마련한 돈을 붐비는 기차에서 소매치기당해 모든 것을 포기하고 집에 돌아와 눕고 말았다. 닷새 동안 식음을 전폐하고 죽을 각오로 누워있으니 부친이 돈을 마련해 주어 위기를 면했다고 한다.

그 후로, 강사 목사님은 새벽기도 시간마다 하나님께 삿대질하며 "내가 소매치기당할 때 당신은 어디에 계셨느냐?" 라고 대들기만 했다. 오랜 시간이 지난 어느 날, 하나님께서 "내가 너를 도왔고 너를 위해 준비하고 있었다."라고 말씀하셨다. 동화 작가 정채봉 시인은 '세상사'라는 시에서 이 세상의 먼지 섞인 바람 먹고 살면서 울지 않고 다녀간 사람은 없다고 표현하고 있다. 하나님 은혜의 원리는 어떤 고난 가운데서도 나는 주님을 신뢰한다는 고백 즉 '믿음'을 보일 때 주어진다는 것이다. 그리고 받을 자격이 있는 사람에게, 대가를 지불할 수 있는 사람에게 주어지는 것이 아니라 간절함으로 예수님을 찾는 자에게 임한다고 했다. 때로 하나님께서 목사님의 기도에 찬양으로 응답하시기에 부흥회 중간중간에 찬양을 즐겨 불렀다. 찬양을 부르면 분노는 빠져나가고 믿음의 고백으로 바뀌면서 새 힘이 생겨 어려움의 자리에서 일어날 수 있다고….

나는 부흥사경회에 참석하면서 나에게 하나님을 향한 간절함, 첫사랑의 정열은 어디로 사라졌는지를 묻는다. "고난 당한 것이 내게 유익이라. 이로 말미암아 내가 주의 율례를 배우게 되었나이다."(시 119:71)라는 성경 말씀이 생각난다. 생활의 풍요함이 정신적인 면에서 황폐함을 가져온다. 하나님 사랑은 자아 존중으로 바뀌어 내가 하나님 자리에 앉아 있는 것은 아닌지! 목사님은 코로나로 교회의 회복이 어렵다고 말하며, 간절함으로 최고의 예배, 기도, 찬양을 드리라고 당부했다.

†

성경은 영웅담을 말하지 않는다

장로신학대학교 총장 김운용 목사님은 부흥사경회에서 당신의 인생길에 누구와 동행하느냐고 청중을 향해 묻는다. 그러면서 젊은 날 예수님을 만나 거룩한 소원을 두고 고난의 길을 걸어온 사도 바울의 삶을 펼치며 말씀하셨다.

사도 바울은 젊은 날, 예수 믿는 자를 핍박한 사람이었다. 다메섹 도상에서 주님의 음성을 듣고 예수님을 증거 하는 삶으로 바뀌며 많은 고난을 받는다. 예수님이 인류의 구원을 위해 십자가를 지듯이 바울도 죽으면 죽으리라는 각오로 주님을 증거 하는 삶을 살았다. 사도 바울이 지하 감옥에서 쓴 고린도후서 11장에는 주님을 위하여 전도 여행을 하며 받은 고난이 기록되어 있다. "여러 번 옥에 갇히고 유대인들에게 사십에서 하나 감한 매를 다섯 번 맞았으며, 세 번 태장으로 맞고 한 번 돌로 맞고 세 번 파선破船하고 여러 번 자지 못하고 주리며 목마르고 춥고 헐벗었노라고….”

그는 죄수의 몸으로 다른 죄수들과 함께 로마로 이송되며 광풍을 만난다. 배가 떠밀려 쫓겨가다가 짐과 기구를 바다에 던져 버리기까지 한다. 여러 날 광풍과 싸우며 해도 별도 보이지 않는 생사의 갈림길에 선 지 열나흘이다. 설령 그가 로마에 무사히 도착하더라도 그곳은 순교가 예고된 곳이다. 그는 주 예수께 받은 사명, 곧 하나님 은혜의 복음을 증언하면서도 많은 고난을 받는다. 강사 목사님은 “그가 죽음을 앞두고 마지막 가는 길에 붉은 주단은 못 깔아 줄지라도 전능하신 하나님은 어디에 계시느냐?”라고 말한다. 성경은 영웅담을 말하지 않는다.

목사님도 자신이 36년째 목회 활동을 한 사람이지만 그동안 하나님께서 붙잡아 준 체험이 많은데도 어려운 일 당하면 잠을 설치게 되고 망망대해에 홀로 선 사람이 된다고 하셨다. 예수님을 믿는 자라고 하더라도 답답하고 어려운 상황은 찾아온다. 암 병에 걸리기도 하고 사기를 당하기도 한다. 심지어 육신을 따라 살지 않고 하나님 뜻을 좇아 사는 사람들에게도 고난은 줄을 잇는다. 도종환의 시, ‘흔들리며 피는 꽃’에서 “흔들리지 않고 피는 꽃은 어디 있으랴. 젖지 않고 피는 꽃은 어디 있으랴.”라고 표현하고 있다. 우리의 인생길이 녹록하지 않음을 말한다.

바울의 옥중 서신, 디모데후서 4장에서 그는 이렇게 말한다. “나는 선한 싸움을 싸우고 나의 달려갈 길을 마치고 믿음을 지켰으니 이제 후로는 나를 위하여 의의 면류관이 예비되었으므로….” 그는 이 땅의 삶이 전부가 아니고 하늘나라 면류관을 바라보며 산 사람이다. 그렇다고 고난만 있는 것도 아니었다. 바울의 텅 빈 가슴에 하나님 말씀이 채워지며 하나님 사랑으로 충만해지는 삶을 살았다. 그러기에 그는 당당하게 일어서 전진했고, 승리했다. 그의 신념과 사상은 지금까지도 기독교의 핵심을 이루고 있다.

한편, 부흥사경회에 참가하며 나의 신앙생활을 되돌아보게 되었다. 내가 처음 하나님을 찾았을 때 하나님의 첫사랑은 뜨거웠다. 내가 어디에 있든지 무엇을 하든지 떠나지 않고 지켜 주셨다. 말씀으로 인도하시고 꿈으로 환상으로 나타나 하나님의 영광을 위해 살도록 특별한 은혜를 베푸셨다. 그런데 나는 하나님 첫사랑에 물들어 오랫동안 잠들고 말았다. 때로는 하나님께서 꿈을 통해 책망하셨는데도 귀 밖으로 들었다. 복 주는 하나님은 마음에 새겨 누리고, 호통치는 하나님은 멀리 안갯속에 가두어 버렸다. 책망도 나를 아끼는 하나님 사랑이었으나 다른 성도들과 비교하며 스스로 위로하고 판단하는 잘못을 저질렀다.

종은 절대 주인이 될 수 없다. 자기가 받은 달란트대로 많이 받으면 많이 남겨야 하는 것이 주인의 뜻이었다. 하나님의 뜻은 많은 사람이 구원받아 누리는 데 있다. 내가 하나님의 사랑을 받고 성경을 믿는 믿음을 얻었으면 때를 얻든지 못 얻든지 전해야 했다. 처음 내게 베푸신 하나님의 불같은 사랑은 싸늘히 식고 말았다. 막다른 골목에서 하나님의 뜻을 전한다고 뒤늦게 글을 쓴다. 내가 만난 예수님을 믿어 누가 구원에 이를지도 의문이다. 다만 하나님의 도움을 바라며 간절히 기도할 뿐이다.

†

칭의稱義

칭의稱義란 하나님 앞에 의롭다 함을 얻는다는 말이다. 기독교 구원론의 핵심 술어이기도 하다. 사람들은 이 땅에서의 죽음이 끝이라고 생각하여 인생의 허무를 이야기한다. 그러나 기독교의 중심축을 이루는 성경에서는 영원히 살 수 있는 천국을 말한다. 천국은 죄가 없어야 들어갈 수 있는 곳이다. 죄에는 반드시 심판이 따른다. 하나님의 독생자, 예수님이 인간의 죄를 대신하여 십자가에서 돌아가셨다. 이 대속代贖의 사건을 믿는 자에게 칭의稱義가 주어져 천국에 들어갈 수 있다. 이것이 하나님의 법이다. 종교개혁가 존 칼빈은 "기독교 신앙의 전부가 칭의稱義 교리에 달려 있다."라고 한다.

나는 이 땅에서 선善을 많이 쌓아야 죽어서 좋은 곳으로 간다는 생각이 강했다. 그리고 교회에 다니는 사람이 이유 없이 싫었다. 그들의 삶이 다니지 않는 사람과 별로 다른 것이 없는데 죽어서 자기들만 천국에 간다는 말에 공감할 수 없었다. 그러나 내가 교회에 나갔을 때 하나님의 강권적인 인도하심으로 성경에 기록된 불가사의한 일을 체험하고 난 후, 성경을 부인할 수 없는 사람이 되었다.

성경은 여러 곳에서 천국을 얘기하고 그 자격에 대하여 말한다. "모든 사람이 죄를 범하였으매 하나님의 영광에 이르지 못하더니 그리스도 예수 안에 있는 속량으로 말미암아 하나님의 은혜로 값없이 의롭다 하심을 얻은 자 되었느니라."(로마서 3:23-24). 하나님께서 사람의 죗값으로 예수님이 십자가에서 대신 벌을 받도록 하셨다. 이 사건을 마음으로 믿는 자에게 하나님께서 죄 없다고 선언하신 것이 칭의稱義이다. 하나님의 절대 주권을 나타내는 말이다. 칭의稱義는 사람을 구원하여 천국에서 영원히 살 수 있도록 마련해 주신 하나님의 사랑이 깃들어 있다.

로마서 3장 28절에 "그러므로 사람이 의롭다 하심을 얻는 것은 율법의 행위에 있지 않고 믿음으로 되는 줄 우리가 인정하노라." 예수님의 대속의 은혜를 믿는 믿음으로 구원받아 천국에 갈 수 있다. 선을 많이 쌓아야 죽어서 좋은 곳으로 간다는 내 생각은 잘못된 것이었다. 그것도 살아 있을 때 믿어야 한다. 다른 사람의 믿음으로 얹혀 갈 수 없고 교회를 다녀도 그 믿음이 없으면 구원받을 수 없다는 것이 기독교의 구원론이다.

하나님의 가치관은 오묘하여 사람의 생각으로 그 뜻을 헤아릴 수 없다. 하나님께서 사람이 살아 있을 때 천국이나 지옥을 보여 주면 모두 천국에 들어가려고 앞다투어 노력할 텐데. 하나님의 방법은 사람의 가치관으로 믿을 수 없는 사건에서 믿는 자를 찾고 있었다. 그래서 믿음이 귀한 것이다.

성경, 요한계시록 21장과 22장에서 새 하늘과 새 땅, 즉 천국을 사도 요한에게 보여 주고 있다. 처음 하늘과 땅은 없어졌고 신부가 신랑을 위하여 단장하듯 거룩한 성, 새 예루살렘이 하늘에서 내려온다. 그 성곽은 각종 보석으로 꾸몄는데 수정같이 맑은 생명수의 강이 흐른다. 하나님의 영광이 비치고 어린양이 등불이 되니 해나 달의 비침이 쓸데없는 곳이다. 하나님께서는 나는 알파와 오메가요, 처음과 마지막이라 시작과 마침이라고 말한다. 하나님은 아무도 침범할 수 없는 절대자이다.

천국에 소망을 갖고 고난이나 죽음을 두려워하지 않는 사람이 많다. 사도 바울은 복음을 전하다 많은 고난을 받고 로마제국에서 참수형을 당하고 생을 마감한다. 기독교의 불모지였던 조선 시대에 활약한 선교사들도 모진 박해와 순교를 당했다. 그러나 이들이 흘린 피 위에 복음이 전파되고 곳곳에 교회가 세워졌다. 지금도 빚진 자의 마음으로 세계 각국에서 봉사하는 선교사들, 이 땅에 소망을 두지 않고 오직 하나님의 부르심에 순종하여 교회에서 일하는 목회자들이 하나님의 뜻을 전하고 있다.

나도 40여 년의 신앙생활을 통해 천국에 대한 확신이 있어 울창한 숲속에서 작은 잎사귀 하나 주워서 서투르게 전하고 있다. 하나님의 뜻은 모든 사람이 천국 백성이 되는 것이다. 내가 아는 천국을 가족을 비롯한 여러 사람에게 전하는 것이 마땅하다고 생각한다. 하나님의 크신 권능과 인간의 나약함을 인정하는 것이 믿음이고 복음이다.

†

영적 전쟁

CBS 기독교 방송 '새롭게 하소서' 프로그램에 출연한 순복음 대구교회 이건호 목사님은 계속되는 가정불화의 배후에는 눈에 보이지 않는 영적 전쟁이 있다고 한다. 그는 네 살 때 어머니를 여의고 새어머니와의 갈등 속에서 마음에 깊은 상처가 남아있었다. 이유 없이 맞았고, 마음대로 울지도 못하는 서러움을 겪으면서 수면제를 먹지 않으면 잠을 이룰 수 없었다. 심한 두통, 대인 기피증도 앓았다. 어린 시절 울지 못하면 성장하면서 몸이 운다는 것을 나중에 심리학을 공부하고 알았다고 한다.

고등학교 때 지인으로부터 전도를 받고 교회를 다녔지만, 자신도 환경도 변한 것은 없었다. 새어머니에 대한 복수심이 가득한 어느 날 새어머니도 마음에 상처가 있어 너를 학대한다는 하나님의 음성을 듣게 되고 주먹만 한 분노의 응어리가 배에서 올라와 입 밖으로 나가는 영적 체험을 하게 되었다. 그 후로 원수 같은 새어머니가 불쌍하게 보이면서 두 사람의 관계가 좋아지고 오랫동안 앓았던 병마도 떠났다고 했다.

목사님은 자신의 어린 시절을 되돌아보면서 결혼 생활만큼은 행복해야 한다는 희망을 품고 기도하면서 교회 청년부에서 사모를 만났다. 그러나 사모 역시 어릴 적 친정아버지와 관계가 좋지 않았는데 그 영향이 고스란히 남편에게 전가되어 목사님은 심한 스트레스와 말 더듬는 현상까지 있었다. 정신과 의사는 내 팔자라고 여기며 살아가라고 했다. 그도 자신의 십자가라고 생각하며 참고 살려는 마음이 있었으나 도저히 견딜 수 없을 것 같아 아기를 낳기 전에 헤어져야겠다는 결심을 하게 되었다. 그 후, 이혼하게 해 달라는 기도를 했다고 한다. 그때 하나님께서 자신의 이름을 부르며 내가 너에게 네 아내를 맡겼으니 잘 돌봐 달라고 말해 아내에 대한 생각이 확 바뀌게 되었다고 한다. 그는 함께 살아갈 힘과 믿음을 주실 것이라는 기대를 하고 혼자 유학길에 올랐다.

유학을 가서 그의 가정과 상황이 똑같은 부부를 만나 서로 얘기를 나누던 중 부부 관계의 해결을 위한 접근 방식이 자신과 다르다는 것을 깨달았다. 가정에서 반복적으로 일어나는 다툼은 자신의 십자가라고 생각하며 견딜 것이 아니라 기도로 악한 영의 세력을 제압해야 벗어날 수 있다는 것을 알게 되었다. 목사 부부의 가계도를 살펴보니 두 가정 모두 부부 관계가 원만하지 못해 재혼한 가족으로 구성되어 있었다.

목사님 부부는 가정불화의 문제를 두고 매주 금요일마다 금식하며 기도를 계속했다. 그러던 어느 날 목사님이 자기 모습을 한탄하며 지쳐 있을 때 하늘에서 웅장하고 힘 있는 하나님의 손이 내려와 넓고 푸른 잔디밭을 보여 주셨다고 한다. 그중 모퉁이를 잘라 이것이 너의 식구라고 하며 하나님의 손과 함께 뿌리가 따라 올라가는데 모두 뱀들이었다. 순간 하나님의 손이 하늘로 올라가는 동시 뱀들이 뚝뚝 끊어지는 모습을 보게 되었다. 그 후부터 부부 관계, 자녀의 문제 등이 회복되었다고 한다. 자녀도 어릴 때부터 엄마 아빠가 싸우는 모습만 보고 자라 딸은 불면증에 시달렸고, 아들은 학교생활에 적응하지 못해 애를 태웠다고 한다. 그는 암울했던 어린 시절, 악몽 같은 결혼 생활을 되돌아보면서 가족 관계의 다툼 뒤에 눈에 보이지 않는 영적 전쟁이 있다는 것을 간증했다. 이를 물리치기 위해 예수님의 이름으로 기도하여 승리했다고 말했다.

나도 교회를 나간 후 이건호 목사님과 비슷한 영적 체험을 했다. 남편과 다툼이 있었는데 분노와 함께 주먹 만한 덩어리가 뱃속에서 올라와 유리창이나 접시를 깨뜨리고 싶은 충동을 느꼈다. 평생 처음 느끼는 감정이었다. 무엇인가 토해내야 살 것 같아 피아노를 치며 찬양했다. 기운이 없어 누우려고 하는데 내 몸을 칭칭 감은 큰 뱀 두 마리가 이제 더 이상 견딜 수 없다며 나가는 환상을 보았다. 빠져나가는 순간

칼을 든 하나님의 손이 뱀의 머리를 찔러 죽였다. 찬양은 곡조가 있는 기도이다.

예수님께서도 귀신 들린 아이를 고쳐준 후 기도 외에 다른 것으로는 이런 종류가 나갈 수 없다고 성경에서 말씀하셨다. 찬양과 기도는 악한 영을 굴복시키는 무기이다. 그 이후로 미디어를 통하여 부모와 자식 간의 불화, 이혼 등 흉측한 사건 소식을 접할 때마다 영적 전쟁에서 뱀 즉, 악한 영이 승리한 것으로 생각되어 안타까웠다.

모든 다툼을 영적 전쟁으로 볼 수는 없지만, 가정불화를 사람의 다툼으로만 보지 말고 하나님의 힘을 의지하는 기도와 찬양으로 승리하기를 바라는 마음이다. 혹자는 인간의 이성을 뛰어넘는 음성을 듣거나 환상을 보았다고 하면 신비주의에 빠졌다고 이단으로 몰아가는 사람도 있다. 이건호목사님도 간증하시는 중에 나는 이상한 사람이 아니다. 신학을 정통으로 배운 박사라고 강조하기도 했다. 성경에서도 하나님의 음성을 듣거나 환상을 본 내용이 있다.

†

다섯 번째 복음서

성경에 마태, 마가, 누가, 요한 사도의 네 복음서가 있다. 다섯 번째 복음서는 '길가에 교회'에서 18년간 일하시고 떠나시는 이인호 목사님을 두고 한 설교 주제이다. 설교는 서울 '주님의교회' 김화수 목사님께서 빌립보서 2장 1~3절 내용으로 말씀하셨다. 세상 사람들은 교회에 관심을 갖지 않는다. 더구나 성경 내용이나 하나님의 뜻과는 더욱 거리가 멀다. 그들은 그리스도인의 삶에 주목하는데 세상의 가치관을 뛰어넘어 감동을 줄 때 관심이 쏠린다고 하셨다. 이인호 목사님은 다섯 번째 복음서를 쓴 목사님이라고 하면서, 본인은 그 점에서 따라갈 수 없는 목사라고 하셨다.

이인호 목사님은 주님의교회에서 이곳 남양주 동화중.고등학교 내에 '길가에 교회'를 개척할 때 파견된 목사님이다.

2005년 12월에 부임하여 2023년 12월 10일 정년을 맞이하여 이임식을 가졌다. 김화수 목사님과도 오래전에 주님의교회에서 부목사로 함께 봉직하여 목사님을 잘 안다고 하셨다. 그 당시 주님의교회 담임 목사님이 이인호 목사님을 가장 신임하셨다고 말씀하셨다. 우리 가족도 이곳 길가에 교회에 2010 년부터 출석하여 목사님과는 13년 간 함께 했다. 사람은 항상 같이 있으면 그 사람의 진가를 잘 모른다. 밖에서 먹는 외식은 들뜬 마음으로 먹고, 정성 들인 집밥은 별 맛을 모른다. 설교하시는 목사님의 말씀을 듣고 보니 떠나시는 목사님께 죄송스럽고 아쉬움이 밀려왔다.

목사님의 이임식이 있기 이틀 전, 석별의 정을 나누는 어머니 기도회 모임을 가졌다. 목사님과의 마지막 기도회라 그동안 함께 하지 못했던 회원들도 참석하여 자리를 빛냈다. 목사님은 욥기 23장 10~12절 말씀을 설교하셨다. "내가 가는 길을 그가 아시나니 그가 나를 단련하신 후에는 내가 순금같이 되어 나오리라." 우리 삶의 모든 여정을 주님이 알고 계시기에 그에게 맡기며 살아가라고 하셨다. 욥은 하나님과 친구들에게 많은 항변을 했지만, 돌에 맞아 죽어가면서도 저들을 용서해 달라고 기도했던 스데반을 닮으라고 하셨다. 스데반이 그렇게 말할 수 있었던 것은 죽음의 목전에서 저 천국을 보았기 때문이라고…. 그동안 목사님의 목회 활동을 대변하는 것 같았고, 성도들에게 당부하는 말씀이기도 했다.

그리고 목사님께서는 전도사 시절부터 작사 작곡한 찬양

을 함께 부르는 시간도 가졌다. 목사님의 자작곡을 함께 부르고 3~4명 묶어 기도 제목을 말하고 다 함께 기도하는 시간을 가졌다. 곡에 따른 해설도 있었다. '산티아고 가는 길'은 서울에서 부산을 왕복하고도 남는 긴 여정이었다고 한다. 둘째 날부터 무릎이 시큰거려 아픈 다리로 걸으면서도 주님과 함께 걸었다고 하셨다. '언젠가 그 나라 이를 때'의 곡은 믿는 사람마다 달란트가 있으니 그것을 장롱 속에 두지 말고 크기에 관계없이 나름대로 발휘하라고 하셨다. '예수님 골고다' 곡은 23세에 하늘나라에 간 목사님 동생이 쓴 작품이라고 했다. 예수님을 세 번이나 부인한 베드로가 예수님이 십자가를 지고 가는 모습을 멀찌기에서 바라만 보고 있는 성화를 보고 쓴 작품이라고 하셨다. 그 외에도 우리의 인생길에서 가장 중요한 것은 내용보다 방향이라고 하셨다.

나는 그동안 목사님의 설교 말씀을 귀담아듣지 못한 것을 뉘우쳤다. 목회자의 길은 황량한 벌판 길, 무거운 배낭을 메고 걷는 산티아고 길이었는지 모른다. 아무리 힘들어도 자신의 아픔은 뒤로하고 오직 성도들을 위하여 무릎을 꿇는 헌신적인 삶을 사셨다. 젊은 날 하나님의 은혜를 받고, 하나님의 뜻을 따라 주신 사명 감당하기 위해 걷고, 또 걸었으리라. 목사님께서는 항상 겸손한 자리에 머물며 목회 활동을 하셨기에 목사님과 함께 하는 자리는 성도들이 존중받는 자리였다고 고백하고 싶다. 이제 퇴임 후에도 보수도 없이 후배 양성을 목표로 인도네시아의 험지로 향하시니 다섯 번째 복음서를 쓰고 계심을 부인할 수 없었다. 부디 목사님의 사역에 하나님의 도우심을 기도드리며, 목사님의 마지막 설교 말씀을 마음 깊이 되새기고 싶다.

†

에덴동산의 선악과

2005년 12월 11일 '길가에교회'가 창립될 때 이인호 목사님이 취임하여 18년간 봉직하시고 2대 장수현 목사님이 2023년 12월 10일 취임하셨다. 한편 성도들은 이 목사님과의 작별에 섭섭하기도 하고 새 목사님에 대한 호기심과 기대에 부풀기도 했다. 장수현 목사님은 2008년에 목사로 임직받고 남현교회, 주님의 교회, 푸른나무교회 부목사로 봉직한 후 우리 교회에 오셨다.

목사님께서는 창세기 2장 15절에서 25절 본문으로 '이런 길가에교회를 꿈꾸어 봅니다.'라는 주제로 첫 설교를 하셨다. 주위를 둘러보니 모두 귀를 쫑긋 세우고 경청하고 있었다. 나도 목사님의 말씀을 담으려고 애써도 다 아는 내용으로 밋밋하게 들렸다. 그러나 '선과 악에 대한 판단은 하나님의 고유 권한인데 인간 스스로 하나님의 위치에서 선악을 판단하는 것'이라는 대목에서 정신이 바짝 들었다. 나는 70여 년을 살아오며 그동안 얼마나 많은 사건의 잘잘못을 따져왔는지 모른다. 내가 잘못한 일은 핑계가 많았고 다른 사람의 잘못은 확대경으로 보며 기억에서도 쉬 사라지지 않았다.

목사님은 하나님께서 만든 에덴동산은 아담과 하와가 살아가기에 부족함이 없었고, 기쁨이 충만한 곳이었다고 한다. 하나님의 형상을 따라 사람을 만들고 모든 여건을 마련해 주며 생육하고 번성하여 땅에 충만하라, 땅을 정복하라. 모든 생물을 다스리라 하셨다. 하나님께서는 창조만 하신 것이 아니고 함께 관계하며 교제하기를 원하셨다. 또, 경작하고 지키라고 하셨다. 경작하려면 하나님과 나, 너와 나, 자연과 나, 세상과 나의 교제가 중요하고 힘을 모아야 가능한 일이었다. 지키는 일은 누군가 방해하는 자가 있다는 것이었기에 하나님의 피조물이 똘똘 뭉쳐야 했다.

하나님의 말씀, 창세기 2장에서 "선과 악을 알게 하는 나무의 열매는 먹지 말라. 네가 먹는 날에는 반드시 죽으리라."라고 하셨다. 그러나 창세기 3장에서 아담과 하와는 뱀의 꾐에 빠져 하나님의 말씀을 거역하고 말았다. 선과 악을 알게 하는 나무의 열매를 따 먹고 반드시 죽게 되었고, 하나님의 위치에서 선악을 판단하게 된다.

목사님께서는 창세기 4장에 나오는 형 가인이 동생 아벨을 죽인 최초의 살인 사건을 말했다. 인간은 하나님의 생각과 다르게 자신의 관점에서만 선과 악을 판단한 결과라고 했다. 하나님 편에서 볼 때 가인과 아벨을 모두 사랑하시고 교제하기 원하셨기에 아벨의 제사는 받으심으로, 가인의 제사는 거절하신 것이라고 했다. 하지만 스스로 선악을 판단한 가인은 하나님의 불공평을 들어 동생을 죽이고 하나님께 대들기도 했다. 이런 결과를 하나님께서는 미리 아시고 선과 악을 알게 하는 나무의 열매는 먹지 말라고 한 것이다.

전직이 교사였던 나는 가족 간에도 무엇이 옳고 나쁜지가 먼저였다. 자녀들에게도 엄마이기보다 선생이었다. 내가 하나님의 위치에서 선과 악을 판단하는 죄의 무게가 아담과 하와의 불순종의 무게처럼 크게 느껴졌다. 지금 일어나고 있는 국가 간의 전쟁이나 개인의 다툼이 인간이 하나님의 위치에서 선과 악을 판단한 결과라고 생각한다.

목사님은 우리 '길가에교회'가 에덴동산의 선과 악을 알게 하는 나무를 다시 세우고 선악과를 하나님께 돌려드리자고 하셨다. 선악을 판단하기에 앞서 이 땅에 아파하고 힘들어하는 사람을 안아주는 성도가 되라고 당부하셨다.

4장

가족 사랑

†

섬마을의 추억

칠순을 바라보는 친정 남동생이 전화를 했다. 술 한 잔 마셨는지, 누나 보고 싶다고 횡설수설한다. 나도 고향이 그리워 먼 길 생각하지 않고 이곳 남양주에서 아침 일찍 출발했다. 친정 조카가 승용차를 몰고 삼천포까지 마중 나왔다. 친정 행사 때마다 손님처럼 바삐 왔다 간 길을 오늘은 주위의 경관을 살피며 여유롭게 갔다. 어린 시절에 상상도 할 수 없었던 창선삼천포대교를 단숨에 건너 창선도에 도착했다. 힘들었던 섬마을의 옛 추억이 파도처럼 밀려왔다. 타임머신을 타고 되돌아간 듯 정거장마다 내려 낡은 필름을 돌린다.

창선도에 들어서니 동네 언니들 따라 바지락을 캐던 작은 섬이 보인다. 언니들은 나를 친동생처럼 예뻐하며 놀이할 때도 정식 인원으로 넣어 주어 당당했다. 처음 바지락을 캐러 갔을 때 한 언니가 나란히 있는 구멍 두 개에서 바지락을 캐서 보여 주었다. 나는 신기하고 재미있어 바지락 캐는데 정신이 없었다. 내가 캔 바지락은 대부분 작은 것이었지만, 얼떨결에 다른 바지락의 몇 배가 되는 큰 바지락 하나가 잡혔다. 그 바지락을 캔 것이 자랑스러워 보고 또 보며, 만지작거리다 바지락 캐는 시간을 다 빼앗기고 말았다. 할머니는 가벼운 내 바구니를 보시며 "이렇게 큰 바지락이 네게 잡혔느냐."라며 감탄하셨다. 나는 할머니의 칭찬에 피곤하지도 않았다. 바지락을 캐던 작은 섬은 60여 년이 지난 지금까지 옛모습 그래도 앉아 있었다.

그 옆에는 오래전부터 배도 승객도 없는 동대 부두가 쓸쓸하게 누워있다. 그곳을 지나니 고등학교 시절 무거운 쌀자루를 이고 숨을 헐떡이던 일이 엊그제 같다. 진주에서 자취하면서 양식이 떨어지면 집에 와서 쌀을 가지고 갔다. 내가 사는 오용리 마을은 동대 부두까지 걸어서 약 두 시간 정도 걸리는 거리였다. 배 시간에 맞추어 나섰지만, 부두에 도착하기 전 배는 이미 들어오고 있었다. 아뿔사! 부두에 들어서니 배는 밧줄을 풀고 떠나 버렸다. 1일 1회 운행되는 여객선이라 학교 결석은 물론 고생이 줄을 이었다. 나는 뛰어도 소용없다는 것을 알면서도 배가 떠난 자리를 향해 계속 뛰었다. 기적 같은 일이 일어났다. 배가 방향을 틀어 돌아와 나를 태웠다. 흐르는 땀을 닦으며 다행히 배를 탔다는 안도감과 함께 주위 사람들의 시선이 부끄러워 어쩔 줄 몰랐다.

섬마을은 사람들의 낭만을 일깨워 준다. 호수와 같은 바다 곳곳에 누워 있는 섬은 한 폭의 동양화를 보는 것 같다. 그러나 생선에 가시가 있듯이 자연의 아름다움 속에 무서운 위기가 있었다. 섬마을 학교에서 교생실습을 할 때의 일이다. 친구들은 내 고향이 섬이라고 무척 가보고 싶어 했다. 어느 휴일 작은 동력선을 타고 뱃놀이했다. 처음에는 모두 신바람이 나서 노래도 부르고 바다의 풍광을 즐겼다. 배가 연안을 떠나 제법 나아갔을 때 배가 시소처럼 올라 가고 내려가기를 반복했다 그때까지만 해도 우리는 무섭지 않았고, 오히려 재미있었다.

조금 있으니 집채 같은 파도가 배를 덮치기 시작했다. 금방이라도 파도 밑으로 들어갈 것 같았다. 우리는 배를 붙잡고 아우성을 치며 울었다. 선장은 배를 돌려 연안으로 돌아왔다. 간혹 잔잔했던 바다가 오후에 센 파도를 일으킨다고 말했다. 부두에 도착하니 온몸에 바닷물이 흘러내렸다. 처녀들의 낭만 뒤에 무서운 파도가 도사리고 있을 줄이야. 우리는 살았다는 안도감에 부끄러운 줄도 모르고 몸을 다 드러내고 걸었다. 자연의 위력은 생각보다 무서웠다.

승용차가 친정집을 향하여 오르니 동생 내외가 대문 밖에서서 반가이 마중했다. 주위를 살펴보니 한여름 밤 멍석을 깔고 누워 할머니가 들려준 견우와 직녀의 사랑 이야기를 듣던 동산도 보인다. 동생은 내가 좋아한다고 여러 가지 횟감을 차려 놓았다. 웃어른들의 뒤를 이어 오순도순 살아가며 형제를 챙기는 동생 내외가 고맙다. 섬마을의 고통을 몸소 체험하며 살았기에 이 땅이 사랑스럽다. 동생 내외의 힘든 생활이 눈에 아른거려 남다른 남매의 정이 흐른다.

옛 추억을 되새기며 글을 쓰다 보니 섬마을 어른들의 정이 안개처럼 피어오른다. 나를 챙겨 데리고 다닌 동네 언니들의 따스함, 동대 부두에서 배를 돌려 태워 준 이름 모를 선장님의 고마움이 사무쳐 온다. 손녀 공부시키느라 피땀 흘리신 조부모님께 철부지 손녀가 왔다고 인사드리고 싶은데 때늦은 후회로 마음만 아프다.

창선도에 연륙교를 놓아 섬사람의 애환을 풀어 준 선구자들의 산물, 창선삼천포대교가 너무나 멋지다. 웅장한 다섯 개의 다리는 오지의 창선 섬을 낭만의 관광지로 바꾸어 놓았다. 산등성의 연둣빛 고사리밭은 가난으로 휜 허리를 그나마 펴게 했다. 이 모든 섬마을의 발전은 어른들의 결의에 찬 도전 정신과 바다로 막혀 버린 교통의 담을 헐어 버리려고 몸부림친 귀중한 유산이다. 앞서가신 그분들의 정신을 이어받아 내 고향을 자랑스럽게 여기며 남은 세대가 도약의 끈을 이어 나갔으면 한다. 내 고향이 자랑스러워 가슴 벅차다.

†

나의 멘토 두 아버지

나는 남해 창선면 오용리 섬마을에서 태어났다. 이곳은 바다와 떨어져 있어서 농사를 지어 생계를 유지했다. 할아버지가 열심히 일군 산이나 논밭에서 수확한 곡식으로 먹는 것은 궁하지 않았다. 중학교에 입학할 즈음, 아버지는 여식의 직업은 교사가 좋다고 말했다. 아버지의 한마디 말에 나는 이미 가르치는 사람이 되어 있었다. 오후에 소를 몰고 산에 가면 소가 풀을 먹는 동안 바위에 올라 소나무가 학생이었다. 아무도 없어 마음대로 말하고 큰소리쳐도 눈치 볼 필요가 없었다. 마음대로 떠든 것 같다. 지금 생각하니 개구쟁이 같은 내 모습이 그려지며 웃음이 나온다.

나는 아버지의 말을 따라 교사로 43년 간 근무하고 정년퇴임했다. 직장 생활을 하는 동안 자녀를 키우는 일이 너무 힘들어 중간에 사표를 내려고 한 적이 몇 번 있다. 지금은 월요일에서 금요일까지 근무하지만, 그때는 토요일까지 근무하고 일요일도 일, 숙직 근무를 했다. 직장을 그만두려고 할 때 시아버지께서 젊어서 고생하면 나이가 들어 편하다며 사표를 내지 못하게 하셨다. 힘들어하는 자녀는 고등학교를 갓 졸업한 둘째 시누이가 돌보도록 주선해 주셨다. 두 아버지 덕분에 퇴직하고 연금을 받아 편안한 노후를 보내고 있다.

며느리 사랑은 시아버지라는 옛말처럼 시아버지께서는 나를 많이도 예뻐하셨다. 남편과 결혼이 결정되기 전부터 시아버지와 우연히 만난 인연도 있다. 시아버지는 며느리 될 사람을 보러 오고, 나는 점심 먹으러 갔다가 중국집에서 만났다. 어떤 할아버지가 모시 두루마기를 곱게 차려입고 식사하고 계셨는데 그 모습이 매우 호감이 가는 인상이었다. 나중에 만나 뵈니 그 사람이 시아버지 될 사람이었다. 시아버지께서도 두말없이 결혼을 승낙하셨다.

시아버지께서는 손주가 보고 싶을 때마다 오셔서 집 안 구석구석을 살피며 손봐 주셨다. 넉넉지 않은 살림에도 며느리 좋아한다고 이른 봄에 귀한 딸기와 토마토를 사 오셨다. 그때는 제철 아닌 과일이 흔하지 않을 때였다. 시누이와 사소한 일로 다투어도 꾸짖지 않으시고 자매간에 그리 다투느냐고 조용히 나무라기만 하셨다.

요즘 부모, 자식 간 돈 문제와 세대 간 가치관 차이로 부모님의 마음을 아프게 하는 경우가 많다. 심지어 부모가 자식

눈치 보며 홀대를 당하기도 한다. 우리의 부모님 세대는 힘든 삶을 살며 자녀를 뒷바라지하며 생계를 위해 고생한 사람들이다. 그 속에서 삶의 철학이 다져지고 인생을 바라보는 눈을 가졌기에 부모님의 말을 귀하게 받아들여야 한다, 그래서 노인 한 사람이 돌아가면 마을 도서관 하나가 없어진 것이라고 비유하는 사람도 있다.

나이 들어 생각해 보니 친정아버지와 시아버지는 내 인생의 멘토였다. 친정아버지께서는 아무것도 모르는 철부지에게 교사의 꿈을 심어주셨고, 시아버지는 노년을 편안하게 보낼 수 있도록 인도해 주셨다. 딸로서, 며느리로서 부족한 나를 돌아보며 회한悔恨에 젖는다. 시간은 사람을 기다려 주지 않는다고 했듯이 자녀가 부모님의 고마움을 느끼고 돌아보면 이미 부모님은 떠나 버린 아픔이 있다. 부모는 큰 것, 많은 것을 바라지 않는다. 자식의 따뜻한 말 한마디, 고마움의 표시가 부모님의 은혜에 보답하는 길이다. 나는 두 아버지의 사랑을 당연한 것으로 여긴 철없는 딸, 며느리였다. 두고, 두고 후회스럽다.

†

부부의 연緣

사람은 인생을 사는 동안 많은 만남이 이루어진다. 그중에서 부부의 연은 신의 중재라고 생각할 정도로 오묘하고 중요한 만남이 아닐 수 없다. 나는 마산에서 초등학교 교사로 근무하다 5월에 남해여자중 · 고등학교 가정과 교사로 중간 발령을 받았다. 그곳에는 신임으로 발령받은 처녀, 총각 선생님이 많았다. 그때 내 나이 25세, 주위 사람들이 결혼 대상자를 소개해 주기도 하고 같은 학교 총각 선생님 중에 사귐을 표현하는 사람도 있었다. 소개받은 사람은 어쩐지 믿음이 가지 않았고 같은 학교 총각 선생님은 항상 보는 사람이라 무덤덤했다. 그런데 같은 학교에서 뜻밖의 선생님과 부부의 연을 맺고, 올해로 결혼 53주년을 맞이하니 감회가 새롭다.

남편은 다른 총각 선생님과 다르게 처녀 선생님들에게 말을 잘 하지 않아 결혼한 사람인 줄 알았다. 뜻밖에 남편이 퇴근 후에 만나자고 했다. 나는 친척 여동생과 가벼운 마음으로 나갔다. 이성 교제의 첫 데이트에 대한 호기심이 발동하고 상대방을 골탕 먹이려 비싼 음식과 차를 주문했다. 남편은 돈이 모자라 시계를 맡기고 왔다가 나중에 갚았다고 했다. 그때 무슨 말을 주고받았는지 기억에 없다. 그러나 남편이 자신의 이름이 여자 이름이라 내 이름과 바꾸자고 하면서 평생 먹여 주겠다고 한 말은 기억하고 있다. 그 자리에서 농담으로 웃으며 받았지만, 집에 와서 생각하니 구혼의 의미를 담고 있는 것 같았다. 나는 교사와 결혼하고 싶은 생각이 적어 남편의 말을 마음에 담지 않았다.

어느 겨울날이었다. 점심밥을 먹으러 각자의 집으로 가는 도중, 내가 돌아서려는 순간 남편이 눈을 뭉쳐 얼굴에 던졌다. 눈은 돌같이 단단했고 갑작스레 날아와 무척 당황스럽기도 하고 화가 치밀어 올랐다. 자신에게 관심을 가져 달라는 마음의 표현일 수도 있지만, 무례한 행동으로 생각되었다. 점심을 먹는 둥 마는 둥 하고, 따지려 교무실에 들어서니 남편은 아무 일도 없었던 것처럼 태연한 모습으로 사무를 보고 있었다. 평소 농담이나 장난이 없는 사람이라 다른 사람이 보는 앞에서 차마 다툴 수 없었다.

결혼할 상대를 두고 골똘히 생각하다가 언니처럼 따르는 선생님과 상담했다. 그 선생님은 우리 집 가족사를 잘 알고 있고, 의지할 만한 사람이었다. 선생님은 "김 선생은 엄마가 어릴 때 돌아가셔서 어쩌면 한쪽 날개가 없는 사람과 같으니 이 선생과 결혼하는 것이 좋겠다."라고 했다. 그 여선생님은 두 사람을 잘 알기에 내린 결정이라 가볍게 들을 수 없었고, 잘 알지 못하는 사람과 결혼하는 것은 모험을 거는 일로 겁이 났다. 그 후로 남편의 얼굴을 보니 내가 실수해도 너그럽게 받아 줄 것 같은 인자한 모습이었다. 남편의 프러포즈에 어떻게 답장을 보낼까 망설여졌다. 그즈음 학생들을 데리고 수학여행을 갔다 돌아오는 길에 선물을 준비해 책상 안에 몰래 넣어 내 마음을 표현했다.

우리는 다른 선생님이나 학생들에게 사귄다는 소문이 날까 봐 걱정을 많이 했다. 어느 날, 버스를 타고 도시로 나가 영화를 보았다. 다음 날 수업 시간에 감명받았던 영화의 내용을 말했더니 학생들이 앞 시간에 사회 선생님이 똑같은 말을 했다고 야단이었다. 나는 영화를 같이 본 것이 탄로 날까 두려워 변명하느라 진땀을 흘렸다. 남편이 우리 집에 인사하러 갈 때도 학생들이 지나가면 택시 안에서 몸을 낮추어 숨기도 했다. 결혼한다는 청첩장을 낸 후, 학생들이 결혼 소문을 들었다고 할 때도 우리는 각자 다른 사람과 결혼한다고 했다. 학생들 앞에서 사귀는 것이 본이 되지 않는 것 같아 거짓말을 할 수밖에 없었다.

결혼식은 근무지에서 떨어져 있는 작은 섬, 내가 졸업한 초등학교 교실에서 했다. 우리가 근무하는 학교 교장선생님께서 주례를 서 주셨다. 방학 중인데도 학생들은 어떻게 알았는지 많이 참석하여 선생님이 우리를 감쪽같이 속였다고 하면서 축하해 주었다. 그때의 제자들이 지금은 60세 중반은 될 것 같다. 천진난만한 모습이 눈에 아른거리며 부디 행복하기를 바라는 마음이다.

저녁 식사를 마치고 식탁 앞에서 남편과 옛 추억을 더듬었다. 남편은 경북 사람으로 군대 제대 후 발령받지 못해 애를 태우다 남해 섬까지 먼저 와 있었다. 철부지 처녀는 부부의 연을 맺으려고 두 달 후에 뒤따라온 셈이다. 이제 두 사람, 몸도 마음도 손잡지 않으면 걷기 힘들다. 부디 바라는 것은 서로에게 지팡이 되어 건강하게 살다 하늘나라에서 다시 만날 수 있기를….

†

가족의 치유

성경은 예수님이 이 땅에 와서 행하신 주된 사역 세 가지를 말하고 있다. 하나님 말씀을 가르치며 천국 복음을 전파하고, 백성 중의 모든 병과 모든 약한 것을 고치는 일을 했다. 예수님께서는 승천하시기 전, 제자들과 하나님의 말씀을 믿는 자에게도 같은 능력을 주셨다. 그중 병을 고치는 사역은 교회 부흥과 복음 전파에 강력한 도구가 되었다. 가족 중 남편과 시어머니의 병이 낫는 기적을 체험한 바 있다.

남편은 내가 교회에 나가는 것을 반대하지는 않았다. 자신도 어릴 때 교회에 나간 경험이 있고, 외가는 외할아버지가 교회 영수(장로님)로 지낸 기독교 집안이다. 시어머니는 결혼 전에는 교회에 다녔으나 믿지 않은 집으로 시집온 후 교회에 나가지 못했다고 했다. 내가 교회에 나가자 시댁에서는 의외로 좋다고 하였으나 남편은 나가지 않았다.

남편은 '좌골 신경통'으로 다리가 몹시 아프고 저렸다. 자신이 고통스러운 것은 말로 표현이 안 된다고 했다. 길을 걸을 때는 얼마쯤 가다가 주저앉아 쉬다 걷기를 반복했다. 부산의 대형 병원에서 진료 받았으나 치료의 효과도 없었고 수술할 단계는 아니라고 했다. 오직 민간요법으로 침을 맞고 좋다는 약을 많이 먹었다. 혐오스러운 뱀탕은 여러 번 먹었고, 바짝 마른 두더지도 삶아 먹었다. 환으로 지은 우슬초 약을 먹으면 혀가 오그라들기도 했다. 하도 답답하여 먹었지만, 효과는 별로 없었다. 병이 오래가니 직장에서도 눈치가 보이기 시작했다. 학교에서 앉아서 수업할 수밖에 없어 대학입시를 앞둔 고3 학생들에게 미안했다. 교장, 교감 선생님의 눈치를 살피게 되고 직장에 나갈 수 없다는 불안함도 있었다.

나를 전도한 선생님이 남편의 안타까운 소식을 듣고 수요일에 같이 참석하라고 권했다. 눈이 실명 위기에 있던 청년이 목사님의 기도로 나아 교인들에게 간증한다고 했다. 평소에는 남편이 집에서 아이들을 돌보고 나 혼자 교회에 갔지만, 그날은 작은 아이만 데리고 같이 참석했다. 남편은 청년의 얘기를 귀담아들으려고 나를 다른 곳으로 가라고 하여 아예 2층으로 올라가 버렸다. 남편은 그 청년의 얘기를 듣고 교회에 나가기 시작했다. 그즈음에 나는 성경에 있는 신비한 체험을 많이 하여 하나님을 믿는 믿음이 있어 남편을 위해 기도했다.

남편이 처음 교회에 갈 때는 집에서 가까운 거리였지만 여러 번 쉬어 갔다. 그래도 막다른 골목에서 살길을 찾아 교회에 꾸준히 나갔다. 간간이 목사님의 기도를 받으면서 언제 나았는지도 모르게 정상적으로 걷게 되었다. 어느 날 남편은 학교 배구장에서 "아, 하나님 감사합니다! 제가 지금 배구를 하고 있습니다."라고 혼자 말했다고 한다. 그 뒤 남편은 교회 일에 봉사도 많이 하고, 집사, 장로가 되었다.

남편의 병이 치유된 뒤에 시어머니의 병도 치유 받았다. 시어머니와 나는 집에서 가까운 교회 새벽 예배에 매일 참석했다. 시어머니는 갑상선 기능 항진증으로 약을 먹고 있었다. 어느 날 예배가 시작되기 전, 목사님께서 준비 기도를 한 후 말씀하셨다. "하나님께서 갑상샘에 이상이 있는 사람을 고쳐주겠다고 하시니 병을 앓고 있는 사람은 나오라."라고 했다. 그때 시어머니가 나가서 목사님의 안수를 받았다. 시어머니는 자신의 병을 하나님이 고쳐주셨다는 확신이 들었는지 기도 받은 그날부터 약을 끊었다. 그 후 27년간 갑상샘에 아무 이상 없이 살다 95세에 돌아가셨다.

하나님께서는 우리 가정에 신유의 은혜를 많이 베풀어 주셨다. 사람은 육체의 병이 나은 것을 완성으로 보지만, 하나님의 궁극적 목표는 영혼이 구원받기를 원한다. 마가복음 17장에 예수님이 10명의 나병 환자를 고쳐주었는데 그중 사마리아인 한 사람만 돌아와 하나님께 영광을 돌린다. "그에게 이르시되 일어나 가라. 네 믿음이 너를 구원하였느니라 하시더라."라고 기록되어 있다. 나병 환자 열 사람이 치유 받았지만, 믿음으로 영혼이 구원에 이른 자는 한 사람뿐임을 말하고 있다. 사람들은 병은 나아도 영혼 구원에는 이르지 못하는 경우가 많다.

하나님의 말씀, 성경대로 온 우주는 움직이고 있다. 성경에는 사람의 영혼이 구원 받아 하늘나라에서 영원히 살 수 있다고 말한다.

†

괌 여행

아들이 부모님 더 늙기 전에 세상 구경시켜 준 효도 여행이었다. 괌으로 3박 4일 코스를 잡고 모든 경비는 아들이 부담했다. 휴양지라 가볍게 떠나자고 하면서 호텔 앞 바다에서 수영도 할 수 있다고 했다. 패키지로 가지 않고 아들이 가이드가 되어 자유롭게 여행할 수 있어 마음이 푸근했다.

우리 부부는 학창 시절 수학여행을 가는 기분으로 마음이 들떠 있었다. 여행 책자를 구입하여 괌에 대한 사전 지식을 쌓고, 어디쯤 있는지 지구본에서 찾아보기도 했다. 서태평양 마리아나 제도에 위치하고, 서쪽은 필리핀해, 동쪽은 태평양과 맞닿아 있었다. 서울특별시와 비슷한 면적이며 인구는 약 16만 명 정도, 원주민인 차모로인과 필리핀인이 많고 한국인은 사천 명 정도 거주하고 있었다. 약 200년간 스페인의 지

배를 받았고 1898년부터 미국이 관리하는 곳이었다. 나는 태평양에 있는 섬나라에 간다는 것 자체가 미지의 세계에 대한 호기심과 낭만에 젖어, 가는 날까지 설레는 마음이었다. 특히 도착 다음 날이 주일이라 태평양 바다에 있는 어느 교회에서 예배드릴 것을 생각하니 왠지 하나님을 가까이서 뵐 수 있다는 생각이 들기도 했다.

드디어 여행을 떠나는 날이 되었다. 비행기를 탈 때 흔들리는 것이 무서워 대한항공 큰 비행기에 맞추다 보니 몇 달 전 예약해도 저녁 7시경에 출발했다. 비행 중 진동이 있으니 좌석벨트를 매라는 방송은 한두 차례 있었으나 심하게 흔들리지는 않아서 다행이었다. 괌에 내린 시간이 저녁 11시 반이었다. 이곳 사람들은 전혀 바쁘지 않았다. 노인들이 오래 서 있다고 먼저 수속을 밟도록 배려했지만, 호텔에 2시경에 도착했다.

아침 7시에 일어나 창밖을 보니 태평양 바다가 한눈에 들어왔다. 앞뜰 백사장에는 어린이 풀장과 간이 의자가 줄지어 있어 휴양하기에 좋은 곳이었다. 아침을 간단히 먹고 한인교회에 갔다. 대부분 연세가 드신 분이 많았고 옷차림도 수수했다. 교인 수는 100여 명, 목사님께서 얼마나 열정적으로 마음에 와닿게 설교하시는지. 지금도 그때 들은 말씀이 귀에 쟁쟁하다. "하나님께서 전에 많이 도와주지 않았느냐?"라고 하시며 현재의 삶이 고달프더라도 합력하여 선을 이루시는 하나님을 믿고 의지하라는 내용이었다. 또, 한국에서 먹는 것보다 더 맛있는 콩국수를 준비했다고 권하기도 했으나 우리는 한인이 경영하는 식당으로 갔다.

식당에서는 YTN 한국방송이 나오고 있었다. 된장찌개와 김치가 우리나라에서 먹는 것처럼 입맛에 맞았다. 주인은 우리나라에 미세먼지가 많은 것, 지금 열대야로 괴로워하는 것 등을 잘 알고 있었다. 무척 반가워하며 밥과 음료수를 덤으로 주기도 했다. "은퇴 후 괌에 이민 온 사람이 많으니 여기 와서 사세요."라며 차 타는 곳까지 따라 나와 귀국하기까지 한 번 더 오라고 권했다. 몸은 타국에 있어도 마음은 조국에 대한 사랑으로 가득 차 있었다. 괌의 음식은 주로 육류이고 덩어리가 커서 덜 익었고 음식이 짰다. 귀국하는 날, 우리는 이곳에 한 번 더 들렀다.

오후에는 대형 쇼핑몰을 찾았다. 우리나라보다 가격이 싼 종합영양제, 선물용 과자 등을 샀다. 저녁에는 원주민 차모로인의 전통 음식과 쇼를 보러 갔다. 오후 6시, 태양이 필리핀해로 넘어가며 마지막 열기를 뿜은 석양은 온 하늘과 바다마저 붉게 물들였다. 이 광경을 카메라에 담기 위해 무대에서서 노을을 등지고 관광객들이 사진을 찍었다. 저녁밥은 육류 바비큐와 전통 음료 칼라만시 주스를 먹었다.

식사 후 차모로인의 전통춤과 노래, 화려한 불 쇼 등을 구경했다. 원주민은 키가 작은 편이고 검은 머리에 구릿빛 피부의 사람들이었다. 순박한 미소를 지닌 표정이었다. 전통춤은 엉덩이를 좌우로 흔드는 동작이었는데 얼마나 훈련하여 저렇게 까지 될까? 불쇼 역시 마음조이며 관람했다. 방청객 대부분이 한국 사람이고 사회자도 우리말로 진행하여 우리나라에서 공연을 보는 것 같았다. 공연이 끝나고 집으로 가려고 일어나는데 내 어깨를 툭툭 치는 사람이 있어 돌아보니 공연에 출연한 어린이였다. 그는 내게 하이파이브하자며 손을 내밀었다. 나는 얼떨결에 손을 내밀었지만 아이는 떠나지 않고 가만히 서 있었다. 내가 아무 반응이 없자 다른 사람에게 가서 또 손을 내밀었다. 다른 사람들의 반응도 나와 마찬가지였다. 집으로 돌아오며 그 아이가 혹시 팁을 요구한 것은 아닌지, 미처 준비하지 못해 마음이 편하지 않았다.

둘째 날은 배를 타고 바다로 고래 쇼를 보러 갔다. 괌에서는 어린이들은 무료인 경우가 많아 어디든 젊은 사람과 어린이가 많았다. 어느 정도 가니 고래 떼가 힘차게 헤엄치고 있었다. 저녁에는 앙코르 괌 매직 쇼를 보았다. 너무나 신기하고 웅장했다. TV에서 그와 비슷한 쇼를 보았지만 조그만 상자 속에 호랑이, 헬리콥터가 갑자기 나타나는 상상 초월의 마술이었다. 그 외에도 위험한 동작이 자연스럽게 시연되었다.

마지막 귀국하는 날은 물에 들어가 보지 않으면 후회할 것 같아 물놀이할 옷을 입고 바닷물에 몸을 담갔다. 바다 깊은 데서 수영하는 사람들도 있었다. 바닷물은 깊지 않고 맑았으나 어찌나 짠지 몸을 소금물에 절이는 기분이었다. 나는 배영으로 물 위에 떠 태평양 하늘의 비취색 천장과 뭉게구름을 감상하며 동화 속 주인공이 되어 한참 동안 무념에 잠겼다. 남편은 바닷가 언덕에 기대어 하모니카를 불면서 나를 지켜보며 즐기고 있었다. 백사장을 거닐던 서양인 부부가 하모니카 소리를 듣고 엄지척을 표하기도 했다.

돌아오는 비행기가 오후 5시라 오전에는 유명한 전설이 있는 '사랑의 절벽'을 구경했다. 스페인 귀족 출신 아버지와 차모로 족장의 딸, 어머니 사이에서 태어난 한 여인의 사랑 이야기가 전해오고 있었다. 아버지는 딸이 스페인 장교와 결혼하기를 원했으나 딸은 차모로 청년을 사랑하였다. 아버지가 그 사랑을 끊기 위해 수십 명의 군인을 동원하여 두 사람을 포위했으나 서로 머리를 묶고 120m 절벽 아래로 투신한 사랑 이야기였다. 그곳에는 주로 연인이 찾아와 자물쇠를 수없이 달아 놓았다. 그 속에 두 사람만의 먼 훗날 약속이 가득할 것 같았다.

준비물을 챙겨 호텔을 나와 공항에 도착하니 탑승할 사람들이 줄지어 서 있었다. 다리도 아픈데 어떡하나 걱정했는데 아들이 직원에게 말하여 다른 입구에서 쉽게 수속 절차를 밟았다. 아들이 물과 사과는 버려야 한다고 했으나, 직원이 사과는 괜찮다고 하여 다시 가방에 넣었다. 절차를 따라 통과하려는데 내 물건이 걸려 재조사에 들어갔다. 그때 하필이면 컴퓨터가 고장 나서 가족 모두가 오래 서 있어야 했다. 그 후 컴퓨터는 고쳤는데 내 짐은 조사하지 않고 그대로 있었다. 무엇이 문제가 되는지 겁도 나고 초조했다. 한참 후에 경찰

관이 와서 가방을 살피더니 '오케이' 하며 통과시켰다. 조금 전 가방에 넣은 사과가 폭탄일 수 있다는 생각에 걸린 것이었다. 수속을 밟고 들어가 사과를 먹으며 우습기도 하고 가족에게 미안하기도 했다. 괌의 사과 맛은 그런대로 괜찮았지만 작고 모조품처럼 반들거렸다.

인천공항에 도착하니 괌의 공항과 비교가 되지 않을 정도로 멋지고 찬란한 불빛이 입국자 모두를 반겨 주었다. 미국이 관리하는 괌에 호기심과 기대가 컸지만, 건물이나 도로가 우리나라 농촌과 비슷한 분위기였다. 괌의 깃발 가장자리의 붉은색은 스페인을 비롯한 여러 나라와 오랜 전쟁에서 흘린 피를 상징하고 있듯, 슬픈 역사의 나라였다. 그에 비하면 우리나라가 얼마나 살기 좋은 곳인지를 새삼 느꼈다. 여러모로 온 국민이 자긍심을 가지기에 충분하다.

나이 80을 바라보며 느낀다. 10년 전 아들과 동행한 여행이 꿈만 같다. 그때가 먼 나라 해외여행의 마지막이 될 줄이야! 마음은 어디든지 날아가고 싶은데 몸이 따라주지 않는다. 아들이 가장 멋진 효도를 했다고 생각한다. 고맙기 그지없다.

†

70세에 어머니 학교를 수료하며

어머니 학교를 연다는 정보를 들었지만, 나는 나이가 많아 무관하다고 생각했다. 어머니 학교 운영을 맡은 담당자가 인원이 아직 차지 않았다며 권유해 입학에 대한 갈등이 시작되었다. 이 나이에 누가 어머니 학교에 입학하는 사람이 있겠나? 나 혼자 젊은 엄마들 틈에 끼어있을, 어울리지 않을 분위기를 상상해 보았다. 설령 내가 어머니 학교를 수료한다고 해도 과연 얼마나 변할 수 있을까에 대한 회의도 생겼다. 그러나 앞으로 남은 삶이 얼마일지 모르지만, 엄마로서 자식들을 사랑하지 못한 후회가 클 것 같아 조금이라도 배워 보자는 마음도 있었다. 많은 갈등 속에서 어머니 학교에 입학하기로 마음먹었다. 남편은 당신이 할머니 학교에 입학해야지, 웬 어머니 학교냐고 한마디 했고 딸아이도 말렸다. 가족의 반대를 무릅쓰고 어머니 학교에 입학했다.

어머니 학교는 상상했던 그대로 할머니가 입장하기에 부담스러운 분위기였다. 온통 분홍색으로 물들어 있었고 운영자들은 양쪽으로 서서 손뼉 치며 환영하는 바람에 나는 얼굴을 붉히며 입장했다. 간신히 내 이름을 찾아 테이블에 앉아 주위를 살펴보니 거의가 딸아이 또래이었다. 나는 5주를 어떻게 지낼지 걱정이 태산 같은데 마침, 내 또래 회원이 한 사람 있어 무척 반가웠다.

어머니 학교에 어렵게 입학했으니 전문가들의 강의를 듣고 머리로라도 '아, 그래 맞아'하며 엄마로서 부족했던 점을 발견하고 꼭 실천하리라는 다짐도 했다. 그 기대는 나의 생각뿐이었지, 오전 열 시부터 오후 세 시까지 점심시간 빼고 몇 시간 앉아 있기도 힘들었다. 강의 내용도 특별한 것이 없는 것 같았고, 나중에는 계속 졸기만 했다. 강의를 마치고 나가는데 누군가가 "권사님, 재미있었지요."라며 말을 건네는데 부끄러워 도망치듯 빠져나왔다. 집에 오니 허리도 아프고 온몸이 피곤하여 눕고 말았다. 나는 어머니 학교에 입학한 것을 후회하며 앞으로 어떻게 시간을 보낼지 걱정이 되었다.

잠은 오지 않고 내 머리에 떠도는 두 단어가 있었다. '분홍색'과 '실 실 웃기'였다. 이 두 단어는 칩실 평생 살아온 나의 삶과는 정반대되는 것이었다. 나는 어머니이기보다 43년간의 교사 생활로 아무 주관 없는 사람처럼 실실 웃어 본 적이 없다. 항상 옳고 그름을 밝혀 바른 삶으로 인도하는 것이 잘

키우는 것으로 생각했기에, '붉은색이냐 흰색이냐'를 따지는 가치관으로 살았지 '분홍색'은 아니었다. 그런데 오늘 어머니 학교에서는 '엄마는 실실 웃어라' 하고, 강의실 분위기는 온통 분홍색으로, 분홍색 가치관으로 사는 엄마를 원하고 있었다. 한편 그동안 자녀가 내게 던진 말이 생각났다. "엄마가 내 엄마 맞느냐고, 엄마가 어떻게 그럴 수 있느냐?"고 불만을 터뜨렸고, 나는 그런 자녀를 이해할 수가 없었는데…. 엄마로서 잘못 살아온 것이 분명함을 깨달았다. 내 자녀에게는 엄마는 없고 온종일 교사와 같이 생활한 것이 아닌지, 마음이 아팠다.

어머니 학교에서는 강의를 듣는 것 외에 과제가 많았다. 모두 글쓰기 창작활동이어서 꽤 부담스러웠다. 내가 속한 모임의 운영자는 과제를 철저하게 챙겼다. 주제는 가족 중 누군가에 편지를 쓰는 내용이었는데 특별히 쓸 사람이 없어 내 나이 네 살 때 28세 일기로 일찍 돌아가신 엄마에게 편지를 쓰기로 했다. 나는 70여 평생 살면서 어릴 때 돌아가신 엄마의 사진을 보아도 무덤덤했고, 엄마와 같이 시집살이한 숙모님이 엄마 얘기를 들려주어도 한 귀로 듣고 흘려 버렸다. 오히려 엄마 없는 내 운명을 원망하며 살았기에 엄마에게 죄송한 마음이 들어 처음이자 마지막으로 엄마를 떠올렸다.

막상 엄마에게 편지를 쓰려니 처음에는 할 말이 별로 없었다. 그런데 평소 숙모님이 들려주신 엄마 이야기를 떠올리며 편지를 쓰다 나는 눈물로 뒤범벅되었다. 엄마는 숙모님께

"너는 자식이 사랑스럽지 않으냐?" 나는 천진하게 뛰노는 저 애가 너무나 예뻐 미칠 것 같다. 병마에 시달리며 고통 중에 있으면서도 방문을 열어 놓고 내 노는 모습에 눈을 떼지 않았던 엄마! 집에 키우는 돼지와 재봉틀을 팔아 시집갈 때 혼수 장만하여 엄마 없는 설움 겪지 않게 해 달라고 간곡히 부탁했던 엄마! 돌아가시기 전 할머니의 손을 붙잡고 딸처럼 키워달라고 애걸한 엄마! 엄마는 자신이 떠난다는 것을 아시고 피를 토하는 애절한 사랑을 내게 주고 가셨는데 나는 오늘에야 내 엄마의 깊은 사랑을 마음에 담고 있었다. 자식의 죽음은 마음에 묻고 부모의 죽음은 땅에 묻는다는 옛 속담처럼 나는 엄마의 죽음을 너무나 깊숙이 땅에 묻어 버린 나의 비정함에 울었다.

한편 내가 돌아가신 엄마에 대해 이렇게 무관심할 수 있었을까? 어느 심리상담가는 "자녀에게 엄마는 야구장의 베이스와 같은 존재라고 하면서 엄마 없는 자녀의 삶은 베이스 없이 야구 선수로 뛰는 공격에 내몰린 불안전한 사람"이라고 했다. 나는 엄마의 베이스 대신 바른 행동으로 주위 사람으로부터 칭찬받는 것으로 내 베이스를 만든 것 같다. 어른 같은 아이가 되어 삐뚤어진 행동에 갇힌 삶이었다고 변명하고 싶다. 그런 나머지 내 자녀는 엄마는 없고 교사의 바른생활만 강조하는 불쌍한 아이들이 되지 않았나 싶다.

나는 어머니 학교를 수료하며 사람에게는 엄마의 사랑이 얼마나 귀하고 중요하다는 것을 새삼 느낀다.

나는 너무 늦게 엄마의 사랑을 깨달아 마음 아프다. 내가 진작 내 엄마의 사랑을 느낄 수 있었다면 자녀를 삭막하게 키우지는 않았으리라 상상해 본다. 앞으로 자식들에게 어머니 학교에서 배운 대로 주관 없이 실실 웃는 엄마, 분홍색처럼 온화하고 부드러운 엄마로 살아가기를 다짐해 본다. 내 엄마의 귀한 사랑을 찾아 느끼게 하고, 내가 자녀들에게 부족한 엄마라는 것을 알게 해 주신 어머니 학교 운영진에게 깊은 감사를 드린다.

†

아시타비我是他非

아시타비我是他非는 '2020년 교수 신문이 선정한. 올해의 사자성어로 '나는 옳고 남은 그르다'는 뜻이다. 내가 하면 로맨스 남이 하면 불륜이라는 말을 줄여 이르는 '내로남불'의 뜻을 한자로 번역해 새로 만든 신조어라고 한다. 두 단어 모두 똑같은 상황에서 자신과 타인을 이중 잣대로 바라보는 사람을 가리키는 말로 남은 비난하지만, 자신에게는 너그러운 사람을 일컫는 말이다. 아시타비我是他非를 '2020 사자성어로 추천한 정태연 중앙대 교수는 우리 사회가 모든 잘못을 남탓으로 돌리고 서로를 상스럽게 비난하는 소모적 싸움만 무성할 뿐, 상생의 소망을 찾아보기 어렵다고 단어의 추천 이유를 밝혔다.

그동안 나는 다른 사람의 관계보다 가족 간의 관계가 편하지 않았다. 퇴직하고 부부가 같이 있는 시간이 많아지면서 별것 아닌 것 두고 말다툼을 하는 일이 잦았고, 그 원인을 서로가 상대방의 잘못으로만 돌렸다. 나이 80을 바라보는 부부의 삶이 얼마나 남았다고 서로 다투나 싶었고, '내가 참아야지' 하면서도 남편의 잘못이 크다는 생각에 선뜻 다가가지 못했다.

소통전문가 김창옥 교수는 사람은 똑같은 현상 속에서 자신이 보고 싶은 것만 보고, 듣고 싶은 것만 듣는 자기중심적인 마음 스위치를 누른다고 했다. 그래서 '내가 보는 나'와 '다른 사람이 보는 나'는 차이가 있다고 한다. 이 말을 듣고 보니 어쩌면 '나는 옳고 남편은 그르다'는 심리적 착각 속에 빠져 있었다는 생각이 들었다. 나와 남편의 잘잘못에 대하여 이중 잣대로 사칙연산을 하여 남편의 잘못이 크다는 생각에 고정되어 있었을까? 나의 잘못은 뺄셈과 나눗셈으로, 남편의 잘못은 덧셈과 곱셈으로 남편의 잘못이 크다고 마음 스위치를 누른 것 같았다. 남편도 평소에 당신이 무엇을 잘못했는지 생각해 보라고 말하니 나와 똑같은 사칙연산을 하는 것이 틀림없었다. 우리는 접점을 찾지 못한 채 평행선을 달렸다.

평소 자녀들도 내게 불만이 많았다. 직업이 교사로 자녀에게 바르게 자라기만을 강조한 것 같다. 자녀가 친구와 다투어 울어도 시시비비를 따지는 일이 먼저였다. 높은 점수를 받아와도 한 번도 칭찬해 주지 않았던 나의 마음가짐에 자녀는 지금도 불만을 토하고 있다. 요즘도 자녀에게 문제가 생기면 내 자식의 부족함이 먼저 생각나서 자녀 편이 되지 못한다. 엄마로서 애써 마음을 도닥거려 주려고 하지만, 진심에서 우러나지 않아 힘들다.

나는 자녀에게 기준점을 높이 정하고 끌어올리려는 욕심을 부린 것 같다. 나의 삶을 돌아볼 때는 너그러운 기준으로 '인생은 미완성'이라고 미화시키면서 자녀가 완전하기를 바라는 것은 잘못 누르고 있는 마음 스위치였다. 기준을 0점으로 잡으면 50점도 대단한 것인데 기준을 100점으로 정하면 거의 배수가 되는 99점도 만족하지 못하는 잘못된 이중 잣대가 자녀를 괴롭혔다. 나의 심리적 착각에서 오는 아시타비我是他非가 우리 가족의 상생과 소통, 행복으로 가는 길을 막고 있었다.

나는 남편과 자녀들에게 잘못 누른 마음의 스위치를 바꾸려고 노력하고 있다. '인생은 거울이다.'라는 말이 생각난다. 내가 웃으니 거울이 웃고, 모두가 웃는다. 남편이나 자녀를 너그럽게 보며 옳다고 생각하니 오히려 내 마음이 가벼워진다. 가족 모두가 활기차고 밝아지는 것을 느낀다.

황혼 이혼이 전체 이혼의 35%를 차지하고, 부모 자녀 사이 갈등이 의외로 많다. 가족 간의 인간관계는 같은 아픔이 반복되고 서로 받기만 하려고 하니 회복이 어렵다. 그러나 앓던 치아를 뽑아 버리면 그 당시는 시원할지 모른다. 다른 치아를 심어 사용하기까지 어려움도 많고 본래 치아보다 못하다고 하는 사람이 많다.

가족은 천륜으로 맺어진 귀한 존재이다. 어려운 일을 당했을 때 나의 손과 발이 되고, 미운 정 고운 정으로 단풍 같은 아름다움이 녹아있다. 부부간 한 사람이 먼저 세상을 떠나고 나면 비로소 아시타비我是他非에서 벗어나는 것 같다. 살아 있을 때는 상대방이 잘못한 것만 눈에 보이고, 떠난 후에는 내가 잘못한 것만 생각나 후회하게 된다. 버스 지나고 손든 격이다. 있을 때 잘하는 것이 현명한 처사이다. '나는 옳고 남은 그르다'는 생각은 가족 관계에서 뿐만 아니라 사회, 정치권에서도 문제를 일으킨다. 여야의 다툼이나 보수와 진보 이념 갈등을 넘어 상생해야 앞으로 나아갈 수 있지 않을까 싶다.

†

기억에 머문 고비

코로나19의 확진자 수가 다시 증가하면서 일상으로 돌아갈 수 있다는 희망이 물거품이 되나 싶어서 걱정이다. 미디어를 통해 들려오는 국내외 소식도 지금보다 미래가 더 어려워진다는 내용이 많다. 요즘같이 집에 갇혀 있는 시간이 많으니 더욱 부정적인 생각을 하는지도 모른다. 봉사활동으로 외출이 잦았던 남편은 갑갑함을 토로하고 있다. 이런 때일수록 마음을 가다듬고 힘들어도 살아 있는 지금의 삶에 감사하며 살아야 할 것 같다.

어느 날 남편과 대화를 나누던 중 그동안 우리가 살아오면서 큰 사고로 위험했던 고비를 기억하느냐고 했더니 젊은 날에 있었던 오토바이 사고를 말했다. "전번 어머니 돌아가시고 장례식장에 갈 때도 우린 죽을 뻔하지 않았냐?"라고 했더니 남편은 "그때도 그랬지."라고 하며 고개를 끄덕였다.

70년대에는 교통수단으로 시내버스나 승용차를 이용하지 못했다. 웬만한 거리는 걸어 다녔다. 이런 가운데 남편은 오토바이를 구입하여 나를 뒤에 태우고 다녔다. 오토바이를 구입한 지 얼마 되지 않았을 때의 일이다. 오토바이를 타고 큰 도로에서 작은 도로로 우회전하려는 순간 엉뚱한 방향으로 날아가 버렸다. 높은 언덕 아래 논바닥에 떨어졌다. 정신을 차리고 보니 가을걷이가 끝난 논이었고 바로 앞에 큰 전봇대가 있었다. 다행히 두 사람은 다친 곳은 없었으나 나는 머리가 조금 아팠다. 만약 전봇대에 부딪혔더라면 우린 어떻게 되었을까? 정말 아찔한 순간이었다. 남편은 오토바이 운전이 서툴러 방향키를 누른다는 것이 가속 키를 잘못 눌렀다고 했다.

3년 전 겨울, 시어머님이 돌아가셨다는 비보를 받고 급히 경북에 있는 장례식장으로 가는 길이었다. 서울역에서 기차를 타고 동대구역에 도착하여 택시를 탔다. 택시 기사는 70대 노인으로 보였는데 내비게이션을 작동시키지 않고 무작정 차를 몰았다. 고속도로를 달리던 중 진출로를 놓친 택시 기사가 뒤늦게 그쪽으로 핸들을 꺾었다가 실패하자 난간에 부딪히는 것을 피해 급히 반대쪽으로 핸들을 꺾었다. 그때 뒤에서 고속으로 달려오던 덤프트럭은 크게 경적을 울리며 다가왔고 부딪히기 일보 직전에 반사적으로 또 핸들을 반대쪽으로 꺾었다. 이때 핸들을 꺾지 못했으면 크게 충돌할 수밖에 없는 아슬아슬한 순간이었다. 몇 초안에 순간적으로 일어난, 영화 속에서나 볼 수 있는 충격적인 장면이었다.

위험한 순간에서 벗어난 우리는 모두 놀라서 말을 잃었다. 한참 후에 내가 깊은 한숨을 내쉬며 '하나님 살아 있어 감사합니다.'라고 탄식하듯 말했다. 기사도 "사모님이 믿는 하나님 덕분에 살았다."라고 했다. 장례식장에 도착할 때까지 모두 숨을 죽이며 오직 무사하기만을 바라며 가고 있었다. 기사 역시 미안하다는 말도 잊은 채 서로가 살아 있다는 생각에만 빠져 있는 것 같았다. 두 번 다시 기억하고 싶지 않은 사건이었다.

이 세상에 생명과 바꿀 수 있는 것은 어디에도 없다. 사람이 살아가며 원하지 않은 불의의 사고로 목숨을 잃거나 건강을 잃은 사람이 있다. 그중에서 살아남은 사람은 천하를 얻은 것처럼 기쁘고 감사할 일이다. 그러나 그 기쁨은 오래가지 않고 남의 얘기가 되기 쉽다. 인터넷에 게재된 누군가의 좋은 글 중 '행복은 셀프다.'라는 말이 마음에 와닿는다. 행복은 백화점에서 살 수 없고, 누군가 택배로 보내 주는 것도 아니라고 했다. 오직 자신만이 만들 수 있는 삶의 1호 필수품이라고 한다. 어려운 고비에서 살아났다는 것을 항상 기억할 수 없지만, 어려움이 다시 왔을 때 옛일을 기억하며 감사함으로 바꾸는 것이 현명한 처사이다. 코로나19로 삶의 문이 닫혀 희망이 보이지 않을지라도 다시 살아 있음에 감사하며 행복을 만들어 살았으면 한다.

†

군대 간 손자

나는 퇴직 후 줄곧 아들 집에서 손자를 돌봤다. 초등학교 1학년부터 군대에 입대하기 전까지 14년을 함께 하면서 희비의 쌍곡선을 그렸다. 손자가 아들 내외와 떨어져 우리 부부와 함께한 최근 5년, 손자가 사춘기였는지 충돌이 많았다. 손자는 군대에 가면서 절대 휴가는 나오지 않겠다고 하며 입대하는 날보다 하루 앞당겨 숙소를 잡아 떠났다. 매우 섭섭하고 내가 손자를 맡아 키운 것이 후회스럽기도 했지만, 군대 생활에 잘 적응할지, 걱정이 앞섰다.

손자는 22년 4월 26일 오후 2시에 광주광역시 훈련소에 입소했다. 누구에게나 구속받기 싫어하는 아이라, 훈련소의 생활이 얼마나 고될까? 마음 졸이며 소식 오기를 기다렸다. 5월 8일 밤에 처음으로 손자의 전화를 받았다. 어버이날이라 휴대전화 사용을 허락받았다고 했다. 너무 반가워 가슴은 뛰었고, 큰 소리로 말해야 내 마음이 전달될 것 같았다. 몇 분만 허락받은 짧은 통화, 손자는 의젓하게 "저는 잘 있으니 너무 걱정하지 마세요."라고 말하며 나를 안심시켰다. 오직 자기중심적으로 행동하던 아이가 180도 달라졌다. 귀한 자식일수록 멀리 보내라는 옛말이 틀린 말이 아니었다.

5월 어버이 주간에 손자의 편지가 왔다. 군대 가기 전, 우리와 함께 먹었던 짜장면이 생각나고, 가족끼리 좋은 시간을 보내지 못한 것이 후회된다고 했다. 사실 손자와 함께 외식 한 번 하기도 쉽지 않았다. 집에만 있으려 하고 함께 하는 것을 반가워하지 않았다. 컴퓨터를 다룰 줄 몰라 물어보면, 짜증을 부려 눈치를 살피며 간신히 배웠다. 그때 친절하게 가르쳐 주지 못한 것이 생각나서 울면서 편지를 쓴다고 했다. 할머니 목소리가 너무 듣고 싶다며, 전화할 수 있게 되면 가장 먼저 연락드리겠다고 말했다. 손자를 향한 인내와 기다림이 사랑으로 변하여 돌아왔다. 그동안 섭섭했던 아픔은 편지 한 장으로 흔적도 남지 않았다.

입고 간 옷과 소지품을 부치면서 두 번째 편지를 보내왔다. 첫 줄에 '소중한 우리 가족에게'라고 적혀 있었다. 우리와 아들 내외가 사랑을 주어도 가족애를 느끼지 못했는데 엄격한 규칙과 제약 속에서 가족의 사랑을 뼈저리게 느끼고 있었다. 교회에서 예배도 드리고, 성경 말씀을 하루 한 장씩 필사한다고 했다. 군대 가기 전에는 시간이 지루할 정도로 남아도 교회에 가지 않던 아이였다. 입대할 때 휴가를 오지 않겠다던 녀석이 책을 읽고 독후감을 써 당선이 되면 표창장과 함께 포상 휴가를 받을 수 있어 노력하고 있다고 했다. 남편은 군대가 인간 재생산 공장이라고 말했다.

훈련이 끝나고 수료식에서 포상 휴가가 있는 표창장을 받았다고 기뻐하며 소식을 또 전해 왔다. 자대 배치는 충북에 있는 군수사령부 5탄약창이라고 했다. 손자는 군대 가기 전부터 조리병으로 일하고 싶다고 했지만, 가족 모두가 너무 힘든 일이라고 말렸으나 고집을 꺾지 못했다. 집에 있을 때도 음식을 만들어 주면 조그마한 오차도 용납하지 않고 맛없다고 먹지 않아 속상할 때가 많았다. 음식 맛에 민감하여 요리는 잘할 것 같았지만, 많은 사람의 요리는 힘든 작업이라 걱정이 되었다.

일주일간 요리하는 훈련을 받으러 갔어도 조리 순서를 기록하며 신나게 일했다고 했다. 마치는 날 이곳에서도 표창장을 받고 앞으로 받을 전체 휴가 일수를 계산하고 있었다. 자신이 하고 싶은 일은 아무리 힘들어도 신나게 잘하며, 남에게 지지 않으려는 승부욕과 인정받고 싶은 욕구가 남달랐다. 장하기도 하지만, 얼마나 힘들었을까 싶다.

내게 보내온 손자의 편지에 '자유롭던 삶에서 통제받는 삶이 너무나 괴롭다.'라고 했다. 명령과 복종의 울타리에서 자유의 가치, 가족의 사랑이 떠올랐다고 생각된다. 사랑을 붓고 또 부어도 흘러내리기만 했는데, 고난을 통해 마음 그릇에 담아 보내왔다. 상대방을 향해 화살을 쏘기만 하더니 화살의 방향을 자신에게 돌려 뉘우침의 눈물을 닦고 있었다. 군대라는 곳이 가치를 창조하는 곳, 가족의 체온을 느끼게 하는 곳이었다. 사랑하는 내 손자, 힘든 곳에서 보석을 찾아 삶의 기둥을 튼튼하게 세우기를 바란다. 나에게 잘못했다고 더이상 울지 마라. 너는 나보다 훌륭한 사람이다. 어릴 때부터 나를 키워 시집보낸 내 할머니께 나는 고맙다는 말도 제대로 못 한 사람이다.

†

어릴 때 많이 다툰 고모

오늘따라 고모가 보고 싶다. 아버지가 맏이고 내가 첫 손주라 나보다 네 살 많은 고모와 어린 시절을 보냈다. 어릴 때는 자주 다투었다. 고모는 나에게 양보하지 않았고 나는 절대 물러서지 않았다. 그 다툼이 지금은 사랑으로 변하여 고모가 매우 그립다. 만날 수 없는 사람이라서 더욱 마음 아프다.

고모는 조부모님이 낳은 자녀, 열 명 중에 유일하게 살아남은 딸이었다. 위로 오빠 셋이 있었으나 나이 차이가 컸다. 나는 고모가 받아야 할 조부모 사랑을 빼앗은 미운 사람이었고 경쟁자였다. 고모와 다투면 꾸지람은 고모의 전유물이었다. 조부모는 엄마를 일찍 잃은 나를 마음에 품고 살아 고모의 설움은 말할 수 없이 컸으리라…. 나는 조부모님의 사랑을 등에 업고 진주에서 고등학교와 대학을 나왔다. 고모는 섬마을에 있는 창선고등학교를 졸업했다.

고모는 결혼하여 딸 넷을 낳고 막둥이 아들을 낳으며 부산에서 줄곧 살았다. 생활이 넉넉하지 못해 절약이 몸에 배어 있었다. 그 어려운 고모 집에 우리 부부는 부산에 가기만 하면 찾아갔다. 친정 조카 내외가 왔다고 아껴 두었던 생선을 구워 주었다. 우리는 직장에 다녀 고모보다 넉넉했는데 용돈 한 번 건네지 못했다. 고모부가 사진 기술자로 일하고 있었는데 사진관에 가서 공짜 사진을 찍었다. 사람은 자신이 어려움에 부닥치지 않으면 다른 사람의 형편을 아는 일에 둔한 것 같다.

어릴 때 많이 다툰 고모와 나는 멀리 떨어져 살아도 마음은 멀지 않았다. 친정 행사 때마다 만나면 가장 가까운 사람은 고모였다. 내가 직장에서 퇴직한 후 그제야 고모에게 미안한 마음이 들었다. 고모는 나 때문에 많이 참고, 양보한 사람이었다. 죄송한 마음을 표현하고 싶어 매달 용돈이라도 드리고 싶어서 고모의 통장에 매달 20만 원씩 보냈다. 이렇게라도 해서 고모에게 진 빚을 갚고 싶었다. 생활근거지를 경남에서 서울로 옮긴다고 했더니 고모와 고모부가 오셔서 짐을 챙겨 주었다. 멀리 떠나는 조카가 섭섭하여 어떻게 도울까, 궁리했던 것 같다.

교회를 나간 후 여러 가지 신비한 영적 체험을 하고, 남녀호랑개교를 믿는 고모에게 종교를 바꿀 것을 권했다. 고모는 고모부와 함께 이미 남녀호랑개교에 깊이 빠져 있었고, "종교는 다 같은 것이니, 각자의 종교를 잘 믿자."라고 하여 더 이상 권하지 않았다. 그 후 고모와 함께 친정 마루에 같이 앉아 있는 꿈을 꾸었다. 그때 친정집에 귀신이 온다는 소문을 듣게 된다. 나는 막대기를 들고 귀신을 대적하고, 고모는 어디론가 숨어버린 것을 보고 종교의 힘이 같지 않다는 것을 느꼈다. 고모에게 신 중에 하나님이 제일 크고 사랑이 많은 신이라고 권했지만, 자신이 믿는 신의 도움을 많이 받았다는 믿음이 있어 종교를 바꾸지 않았다.

고모가 아파 병원에 입원했다는 소식을 듣고 남양주에서 부산 병원으로 갔다. 고모는 "호흡을 할 수 없어 앉아서 밤을 여러 날 지새우며 잠을 자지 못했다."라고 했다. 하루를 지내기가 매우 고통스러운 상황이었다. 그런 가운데서도 찾아온 나에게 밥 사 먹이라고 고모부에게 부탁했으나 나는 돌아올 길이 바빠 그냥 왔다. 그것이 고모와의 마지막 상봉이었다.

고통스러워하는 고모를 보고 와서 나도 잠을 이룰 수가 없었다. 밤새 기도하고 있을 때 "왜 네가 이 모든 고통을 짊어지려고 하느냐, 예수님께 맡기지 못하고!"라는 소리가 들렸다. 고모를 위하여 병원에서 기도하는 자가 있으니 그 짐을 맡기라고 했다. 이 소리를 들으니 여태까지 나의 모든 짐을 예수님께 맡기고 살아왔다는 생각이 들었다. 고모에 대한 고통도 예수님 십자가 밑에 내려놓으면서 편안하게 기도할 수 있었다.

자정 가까운 시간에 고모가 아무래도 운명할 것 같아서 고종사촌에게 전화했다. “엄마가 위독하다는 연락을 받고 병원에 와 있다.”라고 했다. 기도 중에 “고모의 고통을 예수님께 맡기라”는 소리를 들었고, “병원이 가톨릭 병원이니 수녀들이 환자를 위해 기도하는 것 같다.”라고 말했다. 날이 새면 수녀에게 기도를 부탁하라고 했다. 낮에 수녀들이 기도해 주었고, 자기가 다니는 교회 부목사가 와서 고모가 영접 기도를 했다고 했다.

고모는 그날 밤에 자녀들과 함께 지내다 다음 날 새벽에 평소와는 달리 너무나 편안하게 돌아가셨다는 연락이 왔다. 고모의 마지막 가는 길에 같이 아파하며 기도할 수 있었다는 것과 여러 사람의 기도를 받고 편안하게 가신 것이 감사했다. 다른 종교를 믿고 산 사람도 임종 시에 하나님의 권능을 인정하며 도움받는 영접 기도가 중요하다. 나는 고모와의 은근한 정을 잊을 수가 없다.

†

외갓집

외가는 창선도의 중심지, 수산리에서 조금 떨어진 당저리에 있다. 외조부모님의 슬하에 딸 넷, 아들 둘을 두었다. 어머니는 오빠 둘과 언니 하나를 둔 둘째 딸이었다. 나보다 여섯 살 더 먹은 외사촌 언니가 말했다. 어머니는 딸 중 가장 똑똑하고 인물도 옛 영화배우 최은희를 닮았다고 했다. 성격도 쾌활하고 정이 많은 사람이었다고 한다. 치마를 입어 여자이지 대장부 못지않았다고 한다.

나는 어머니 얼굴을 모르고 자랐다. 어머니가 돌아가시며 외사촌 언니에게 건넨 사진을 보고 엄마 얼굴을 알았다. 어머니는 비단옷을 입었고 얼굴도 예쁜 귀부인이었다. 시집와서 폐결핵을 앓아 28세 꽃다운 나이에 돌아가셨다. 외가에서 어머니를 살리기 위해 애쓴 노력은 이루 말할 수 없었다고 언니가 말했다.

외가는 큰 외삼촌이 일본과 무역하여 경제적으로 풍요로웠다. 그러기에 옷이며 돈이며 어머니를 위해 아까운 것이 없었다고…. 큰 외삼촌이 얼마나 아끼는 여동생이었다고 한다. 어머니 병이 짙어지자 의료 시설이 가까운 곳에 방을 얻어 치료받게 했다. 친정에 와서 있기도 했는데 온 가족이 어머니 비위 맞추어 살았다고 한다. 그때 나는 나이가 어려서 외가에서 어머니에게 쏟은 정성이 많다는 것을 어렴풋이 짐작할 뿐, 기억이 가물가물하다.

어머니가 앓았던 폐결핵은 전염성이 있어 동거할 수 없었다. 그래도 외할머니는 죽음 직전까지 함께 했다. 시집을 안 간 막내 이모는 심부름과 허드렛일을 하며 드나들었다. 외사촌 언니는 그 당시 초등학교에 다니며 방과 후에 들렀다고 했다. 외가의 가족은 정이 많고 성격도 온화하여 화를 낼 줄 모르는 사람들이었다.

외가는 나의 안식처이고 먹을 것도 풍족한, 사랑 가득한 집으로 기억된다. 외할머니께서 내가 오면 주려고 숨겨 둔 간식거리는 오징어포, 사탕, 생선포 등이었다. 그 당시 귀한 단백질을 보충할 수 있는 먹거리였다. 나는 지금도 밥보다 군것질을 좋아한다. 외가에서 맛있게 먹었던 간식이 습관처럼 된 것인지 모른다.

친가나 외가에서 어머니 병을 고쳐주려고 온갖 정성을 쏟았으나 의술이 발달되지 않아 세상을 떠나고 말았다. 외가에서는 어머니에 대한 아픔이 나에게 전달되어 한평생 따라다녔다. 내가 시집간다는 소식을 듣고, 외사촌 언니와 둘째 이모가 한복 한 벌을 맞추어 주었다. 내가 팔순을 바라보는 나이가 되었는데도 몸이 아플까 봐 '이래라, 저래라.'고 관심을 깊게 가지며 음식을 만들어 가지고 올 때도 있다. 어머니가 일찍 돌아가신 아픔이 얼마나 컸는지를 말해 주고 있다.

어쩌다 외가 식구가 한자리에 모이면 여자들의 목소리가 거의 비슷하다. 나이가 80 전후인데도 목소리는 늙지 않고 까랑까랑하다. 피는 속이지 못하는 것 같다. 나는 몸은 늙어도 목소리는 젊은 사람 같다고 전화를 받은 사람이 의아해할 때도 있다. 내 어머니 목소리를 꿈속에서라도 듣고 싶다.

외사촌 오빠는 고려대 상대를 졸업하고 전 상업은행 간부직에 근무하다 퇴임했다. 오빠 역시 내 어머니에 대한 정이 그리워 나를 마음에 품고 산다. 젊은 날, 나의 자녀가 대학과 고등학교에 입학했을 때, 용돈을 듬뿍 주면서 기뻐하던 모습이 눈에 선하다. 최근에는 맛있는 밥 사 준다고 우리 내외를 초대했다. 어머니는 일찍 돌아가셨어도 외갓집의 사랑은 오늘까지 이어지고 있다. 외갓집에서 베풀어 주신 사랑에 비하면 나는 아무것도 보답한 것이 없어 이 글을 남기고 있는지 모른다. 외가의 사랑은 깊었고 두터웠다.

†

하나님의 은혜(시댁 가족)

우리 부부가 결혼하고 8년이 지난 뒤 교회에 나가면서 시댁에 기독교의 씨앗이 다시 싹트기 시작했다. 시부모님 슬하에는 남편이 맏아들이고 시동생과 시누이 각각 3명으로 모두 7남매이다. 시어머니 친정은 오래전부터 기독교 가정이었다. 아버지가 영수(장로)였고 목사, 장로, 집사의 직분을 가진 사람이 많다. 시어머니는 기독교 형식으로 결혼식은 올렸으나 믿지 않는 가정에 시집와 교회에 나가지 못했다. 우리가 교회에 나가면서 다시 신앙생활을 시작하여 교회에서 집사 직분을 받았다. 평소 갑상선 샘에 이상이 있어 약을 먹고 있었는데 새벽 예배를 드리는 교회 목사님이 안수하여 치유받았다. 27년간 이상 없이 살다 95세에 돌아가시며 장례는 기독교 형식으로 치렀다.

시아버지는 시어머니와 결혼하기 위해 잠깐 교회에 다녔다고 한다. 우리 부부가 교회에 나간 후 얼마 되지 않아 중풍을 앓으셨고, 병원에서 몇 달 후 돌아가신다고 했다. 나는 그 소식을 듣고 얼마나 울었는지 모른다. 친정아버지 이상으로 나를 아끼고 사랑해 주신 시아버지를 위해 전심으로 기도했다. 그래서인지 시아버지는 5년간 더 살다 돌아가시고 기독교 형식으로 장례를 치렀다.

나는 시어머니와 함께 수요예배, 주일 예배를 빠지지 않았다. 교회 차를 타려고 문을 열고 들어가는데 하나님께서 "시어머니에게 잘해라, 네가 어머니에게 잘한 만큼 복을 주겠다."라고 말씀하셨다. 같이 동거하는 시누이 두 사람이 시집간 후부터 시어머니는 다시 고향으로 돌아가 본가에서 둘째 시동생과 함께 지냈다. 내가 시어머니를 자주 찾아뵙지 못했지만, 한번 가면 2~3일 있다 왔다. 그때마다 하나님은 나에게 꼭 선물을 주셨다.

둘째 시동생이 어머니를 잘 모시는 것이 소문이 나서 TV 프로그램에서도 방영이 되고, 자치단체장으로부터 대통령 표창을 받기도 했다.

아들과 첫째 시동생 아들이 그동안 살아온 얘기를 나누면서 아들이 "형은 어떻게 교회에 나가게 되었느냐?"라고 물었다. 그의 대답이 "네가 전도했다."라고 말해 어리둥절했다고 한다. 두 사람이 어릴 때 문구점에서 아들이 "형도 교회에 나가면 좋겠다."라고 말을 건넸다고 한다. 그랬더니 조카가 내가 1등짜리 물건을 뽑으면 나가겠다고…. 1등이 뽑혔는데도 우연인 것 같아 또, 다른 물건을 정하고 뽑게 되자 후에 교회에 나갔다고 한다. 그 후 조카는 신실한 기독교 배우자를 만나 온 가족이 하나님을 믿고 있다.

막내 시동생 집 동서가 시동생이 건강이 좋지 않아 여러 가지 어려움을 겪으면서 하나님을 찾게 되었다. 막내 시동생은 병원 생활을 오랫동안 하다 작년에 유명을 달리했다. 동서는 혼자 하나님을 의지하며 꿋꿋하게 삶을 유지하고 있다.

하나님의 부르심은 다양했다. 대체로 고난이 있을 때 하나님을 찾게 된다. 아들과 조카의 어린 시절, 놀이를 통해서도 하나님의 인도하심이 있었다. 그러나 이 땅에서 병이 낫고 소원을 들어준 것으로 만족하면 안 된다. 그것은 하나님의 권능과 사랑을 아는 체험에 불과하다. 사람은 누구나 죽음을 맞는다. 성경은 사후 하늘나라에서 영생할 수 있다고 말하고 있다.

"친히 나무에 달려 그 몸으로 우리 죄를 담당하셨으니 이는 우리로 죄에 대하여 죽고 의에 대하여 살게 하려 하심이라. 그가 채찍에 맞음으로 너희는 나음을 얻었나니."(벧전 2:24) 하늘나라 시민이 되려면 십자가에 달린 예수님이 내 죄를 대신하여 고난받았다는 믿음이 있어야 한다. 속죄받은 인간이 그 예수를 믿을 때 구원이 완성된다.

시부모님 슬하의 모든 권속이 이 땅에서도 기쁨을 누리고 죽어서도 영생하기를 바라는 마음 간절하다. 혹시 자녀가 교회를 다니면 한 집에 종교가 다르다고 반대하지 말고 좋은 것을 택한 것이니 자유롭게 해 주면 좋겠다.

†
하나님 은혜(친정 가족)

친정집은 남해군 창선, 섬마을이다. 일찍 돌아가신 어머니의 영혼을 달랜다고 무당을 불러 굿을 많이 했다. 꿈을 꾸면 친정집 구석구석에 귀신이 우글거렸다. 내가 교회에 나간 뒤로 귀신들을 죽일 수 있었다. 친정아버지가 폐암에 걸려 사경을 헤매다가 교회에 출석하여 곧 회복되었다. 할머니 돌아가실 때 먼 곳에 사는 나에게 '할머니 돌아가셨다.'라는 소리가 연달아 들렸다. 또, 할머니가 네 열 발가락, 열 손가락이 되어 키웠다고 꿈속에서 알려 주었다. 꿈에 할아버지가 손수 지은 옛집의 마루 밑이 온통 이글거리는 불덩이였고 마당에 예수님의 탄생을 축하하는 크리스마스트리도 세워져 있었다.

언젠가 아버지가 중풍에 걸려 사경을 헤맬 때 아버지를 위해 기도하는데 "어머니가 불쌍하다고 위해서 기도하라."는 하나님의 음성이 들려왔다. 어머니는 자신의 몸도 불편하면서 아버지를 온갖 정성으로 보살폈다. 나는 어머니를 떠올리면 아버지에게 최선을 다 한 사람이라고 생각한다. 아버지는 폐암에서 회복된 뒤 조합장 선거에 출마하여 떨어진 후 하나님을 등지게 된다. 다시 일상으로 돌아가 문중 일이며 마을 일을 돌보다 갑자기 중풍으로 쓰러져 고생하시다 돌아가셨다.

아버지 바로 밑 작은아버지가 후두암을 앓고 있을 때, 아버지가 교회에 나가 병이 나았기에 작은아버지도 교회로 인도했다. 경기도 포천에 있는 할렐루야 기도원에서 작은어머니와 함께 병이 낫기를 기도하기도 했다. 그러나 작은아버지의 병이 차도가 없어 병원에서 목 수술을 하고 교회를 몇 년 다니다 돌아가시고 장례는 기독교 형식으로 치렀다.

그 후 사촌 동생이 "심장에 이상이 있어 병원에서 심장 수술을 하고 우연히 작은아버지가 다닌 교회 앞을 지나게 되었다."라고 한다. 예배를 마치고 나오는 교인들의 모습이 훌륭하게 보이면서 기쁨이 가득한 느낌을 받았다고 한다. 전에 받았던 교회 전도지, "주 예수를 믿으라 그리하면 너와 네 집이 구원을 받으리라(사도행전 16:31)."는 말이 생각나 스스로 교회를 나가게 되었다. 그는 "세상에서 들을 수 없는 아름다운 노래, 부르기도 쉬운 노래가 찬송가에 있어 찬송가 CD 전집을 사서 듣기도 했다. 요즘에는 휴대폰에서 다운로드하여 찬양을 들으며 평안을 얻는다."라고 한다. 나는 사촌 동생이 '찬양 속에 거하시는 하나님을 만나 구원 얻기를 바라는 마음이다. 안타깝게도 그는 작년에 유명을 달리했다. 아마도 하늘나라에서 찬양하고 있으리라 짐작한다. 작은어머니도 한 때 교회를 다녀 하나님과 예수님의 사랑을 알고 있다.

나는 시골에 살면서 서울에 오면 막내 삼촌 집에서 묵었다. 내가 교회에 나가 체험한 신비스러움을 숙모에게 얘기하고 있을 때의 일이다. 숙모가 "네 말을 듣던 중 잠깐 졸았는데 흰 드레스를 입은 여자가 아기를 안고 쏜살같이 도망가는 모습을 비몽사몽간에 보았다."라고 했다. 숙모는 낮에 신평화 시장에 점포를 얻으려고 며칠을 다녔으나 얻지 못했다고 한다. 나는 "아기를 안은 그 여자 귀신이 나의 간증을 듣고 무서워 도망갔으니 이제는 점포를 얻을 수 있다."라고 나도 모르게 확신하는 말을 했다. 숙모는 그다음 날 점포를 얻었고 그 시장에서 장사하여 돈을 많이 벌었다. 숙모는 나의 권유를 받고 잠깐 교회에 나가기도 했다. 그러나 삼촌이 승용차를 운행하다 사람을 치는 사고가 나면서 종교를 바꾼 것이 겁이 나서 다시 불교를 믿는 가정이 되었다.

막내 삼촌은 평소 하나님과 거리가 먼 사람이었다. 갑자기 뇌졸중으로 쓰러져 몇 년간 병원에서 투병 생활을 하다 별 차도가 없어 집에 오셔서 있을 때의 일이다. 삼촌이 돌아가시기 열흘 전, 내가 문병 갔을 때 이웃에 사는 목사님이 오셨다. 그 목사님은 숙모와 오래전 사소한 다툼 후에 오히려 친분을 가지게 되었다고 한다. 삼촌이 편찮은 것을 아시고 자진하여 오셨으나 문병하러 온 친척이 많아 닷새 후에 다시 심방할 것을 약속하고 가셨다.

그 후 목사님은 삼촌 돌아가시기 나흘 전에 심방하여 기도해 주고, 이틀 전에 또, 찾아와 예배를 드리는 중 "마음으로 예수님을 영접하라."는 말에 삼촌은 고개를 끄덕였다고 한다. 그 후, “삼촌이 예배 후에 밥도 먹지 않고 계속 자고 있다.”는 전화가 왔다. 그리고 예배드린 후 삼 일째 새벽에 돌아가셨다. 나는 하나님이 삼촌의 영혼 구원이 시급함을 아시고 열흘 전부터 목사님을 여러 번 보내 예수님을 영접한 것으로 믿는다. 숙모는 ‘한 번 예배드렸다고 어찌 종교를 바꾸겠느냐.’고 말씀하시며 장례식은 유교 형식으로 치러졌다. 가족 중에 하나님을 믿는 자가 없어 절에 49제를 부탁하여 그 섭섭함을 위로하기도 했다. 삼촌은 우리 친정의 대들보 역할을 했다. 조부모, 친정아버지, 작은아버지 심지어 조카들까지 친정의 어려운 문제를 많이 돌봐주셨다.

이런 하나님의 은혜 가운데서도 친정집의 가족 구원은 용두사미龍頭蛇尾가 되었다. 내가 교회에 나가자마자 하나님께서는 신비함으로 나를 찾아오셨다. 친정집의 이곳저곳에서 하나님의 은혜가 풍성하게 쏟아졌다. 은혜가 많은 곳에 사탄의 역사도 많았다. “더러운 귀신이 사람에게서 나갔다가 다시 악한 귀신 일곱을 데리고 들어와 사람의 형편을 전보다 더욱 심하게 한다는 내용이 있다."(마태 12:43~45) 나는 기도로 대적해야 할 시기에 안주하며 들떠있기만 했다. 성경 말씀에 뿌리를 내린 신앙이 아니었다. 이런 나를 하나님께서 책망하시기도 했는데 정신을 차리지 못했다. 친정 권속을 향한 하나님의 구원 계획은 변함이 없다고 믿는다. 하나님께서는 누군가를 통해 다시 역사할 것이다. 예수님을 믿는다는 것은 이 땅의 어떤 축복과 비교할 수 없는 귀한 것이다. 죽음에 이르렀을 때 하늘나라에서 영생하기 때문이다.

5장

나의 발자취

†

1950년대

나는 1946년 남해군 창선면 오용리, 30여 가구가 사는 작은 섬마을에서 태어났다. 바다와 떨어져 있어 농사를 짓고, 산을 개간해 고구마를 재배해 생계를 유지하는 곳이다. 할아버지께서는 5남매 중 막내아들이었지만 홀로 계신 증조할아버지를 모시고 분가하면서 산기슭에 손수 집을 지었다고 했다. 아버지가 장남이라 맏이인 나는 조부모님, 고모와 함께 어린 시절을 보냈다. 집 뒤에는 넓은 대나무밭이 있었고 옆에는 소나무와 밤나무, 묘소도 많았다. 밤이 되면 별채의 외양간 뒤쪽에 있는 화장실에 갈 때는 무서워 누군가 같이 가야 했다.

나보다 네 살 위인 고모와 많이 다투며 생활했다. 고모는 조카인 나에게 양보하지 않았고, 나는 절대 고모에게 지지 앉았다. 공부할 때도 등잔불 하나를 가운데 놓고 서로 당기다 보면 큰 싸움으로 번졌다. 할아버지는 담뱃대를 들고 화를 내시며 우리는 꾸지람만 듣고 잠들었던 기억이 난다. 조부모님께서는 내 어머니가 일찍 돌아가신 것이 마음 아파 딸보다 손녀인 나를 애지중지하였다. 고모가 받아야 할 조부모 사랑을 내가 차지하여 속상할 때가 많았는지 모른다. 그래도 밤에 화장실 갈 때 따라가는 사람은 고모밖에 없었다.

나는 집에서 약 2km 정도 떨어진 동창선초등학교에 걸어 다녔다. 같은 반 학생은 남녀 합하여 54명, 한동네 사는 경희와 자매처럼 사이좋게 지내며 다녔다. 산속에 상여를 보관해 둔 움막을 지날 때는 혼이 나갈 정도로 무서워 손잡고 달렸다. 남학생들은 대부분 일가친척인데도 여학생에게 시비를 걸어왔다. 고무줄뛰기를 하면 갑자기 나타나 칼로 줄을 끊어버리고, 공기받기 놀이를 하면 어디선가 달려와 발로 차버려 싸움만 한 기억뿐이다. 오후 수업 시간에는 뒷산에 솔방울 줍기를 하고, 공작 시간에는 연필을 깎아 나란히 두고 선생님이 잘 깎은 것부터 골라 점수를 매겼다. 내 연필은 마지막까지 남아 있어 부끄러웠다. 숙제는 학습에 관한 것도 있었지만 쥐꼬리 다섯 개 가져오기, 풀 베어 가져오기 등 우리가 할 수 없는 것도 있었다.

산과 들은 우리의 좋은 놀이터였다. 찔레 순, 삘기, 망개 등은 하굣길에 공짜로 먹을 수 있는 간식이었다. 나는 열매를 좋아하여 새벽부터 감나무, 밤나무 밑으로 달려가고, 친척 집 목화밭의 다래를 따 먹다 들켜 혼이 난 적도 있었다. 이른 봄 철쭉꽃이 지고 잎이 무성할 때, 연푸른 열매를 따 먹고 심하게 복통이 일어 설사를 한 적도 있다. 다음날 친구에게 얘기했더니 같은 증상을 겪었다고 했다. 하도 이상하여 우리가 먹은 것을 살펴보니 열매도 아니고 잎도 아닌 것이 뭉쳐져 있었는데 그것이 열매인 줄 알고 먹었다. 밭 언덕의 치자를 따서 실에 엮어 팔기도 하였다. 소나무 송진을 모아 껌을 만들어 씹다가 벽에 붙여 놓고, 다음날 또 씹었다. 하루는 친구와 갈고리를 들고 산에 나무를 하러 갔다. 소나무 낙엽을 뭉쳐 끈으로 묶어 머리에 이고 오다 엉성하게 묶은 탓인지 바람에 다 날아가 빈손으로 집에 온 적도 있다.

초등학교 때 찍은 단체 사진은 딱 두 장, 빛바랜 사진 속에서 친구들과의 희미한 추억을 더듬어 본다. 여학생을 많이 괴롭힌 남학생들과 여자 친구 몇 명의 이름만 기억에 남아 있다. 지금 생각하니 남학생 중에는 실제 행동으로 옮기는 행동대원은 키와 덩치가 큰 ㅇㅇ이, 뒤에서 조종하는 우두머리는 머리가 잘 돌아가는 ㅇㅇ이었다. 마침 그들이 수도권에 살고 있어 코로나19 이전까지 몇 번 만나 자리를 같이하며 옛정을 되살리기도 했다. 행동대원이었던 친구는 이미 세상을 떠났다. 여학생이 고무줄놀이할 때 홍길동처럼 나타나 방해했던 익살맞은 친구는 다시 만날 수 없다.

내가 자란 고향 산천은 언제나 푸르다, 우린 백발이 되었어도 나의 고향 보물섬, 남해 창선을 다시 찾는 날에는 마음부터 설렌다. 어느새 동심의 세계로 되돌아가서 소꿉친구 시절 철없이 뒹굴었던 삶을 그리며 정을 나누었다. 1950년대, 그때의 생활상은 지금과 비교하면 너무나 딴 세상이었다. 모든 것이 힘들고 빈곤했던 그때의 소박함이 더욱 정겹다. 모두 건강하게 지내다 다음에 또 만날 것을 약속해 본다.

†

하동중학교

젊은 날에는 앞만 보고 달렸는데 70대 중반을 넘어서니 과거의 발자취를 더듬어 볼 때가 많다. 남해 섬마을에서 중학교 1학년을 마치고 아버지의 직장을 따라 하동중학교로 전학 갔다. 학교는 송림이 우거진 섬진강 변에 있었다. 섬진강은 경상남도와 전라남도의 경계에 있어 사람들은 다리를 건너 두 곳을 왔다 갔다 했다. 재첩 조개의 생산지로 유명한 곳이기도 하다.

나는 얼떨떨한 마음으로 아버지를 따라 하동중학교를 방문했다. 서류를 접수한 선생님은 학생을 받아 주지 않으려고 했는데 수학 성적이 좋은 편이라 받아 준다고 했다. 앞으로 열심히 공부하지 않으면 따라갈 수 없다고 말씀하시며 개학 첫날 영어 단어 시험을 친다고 했다.

개학일 이틀을 앞두고 영어 단어 시험 때문에 걱정이 많았다. 내가 아는 단어는 다섯 손가락으로 꼽을 수 있는 정도였다. 아는 사람도 없고 교과서가 없어 공부도 할 수 없었다. 시험 전날에야 겨우 이웃에 사는 동급생의 책을 빌려 밤을 새우며 학습장에 옮겨 적었다. 그리고 아침부터 시험을 칠 때까지 단어 외우기에 정신이 없었다. 어려운 단어는 영어 첫 글자와 한글 첫 자만 외었다. 영어 시험은 첫째 시간에 운동장에서 치러졌다. 영어 단어 100개의 뜻을 묻는 시험이었다. 다행히 몇 개의 답만 쓰지 못하고 거의 칸을 메울 수 있었다.

영어 선생님이 수업 시간에 성적이 우수한 사람의 이름을 불렀다. 나를 세 번째로 불렀다. 누구냐며 일어서라고 하며 전학 온 학생이 성적이 좋다고 말했다. 나는 의외의 성적에 놀랐다. 전학 오는 날 겁을 먹고 괜히 떨었다는 생각이 들었다. 한편 자신감이 들기도 했다. 칭찬은 고래도 춤추게 했다. 시험 기간에는 잠 오지 않는 약을 먹어가며 열심히 공부했다. 섬진강 변의 모래 언덕에 숨어서 외웠던 각 나라의 수도 이름은 지금이라도 나의 기억 버튼을 누르면 입에서 톡 튀어나올 것 같다. 이라크의 수도는 바그다드, 이란의 수도는 테헤란이라고…. 실업 수업 시간에는 섬진강변 송림에서 송충이도 잡았다. 음악 시간에 배운 '봄처녀'의 가사와 곡조는 봄철만 되면 그때의 추억을 그리며 부르는 노래다.

우리 집은 학교와 거리가 멀어 혼자 등교하는 경우가 많았다. 등교하는 길에 동급생 남학생이 길을 가다가 서 있는 것을 여러 번 보았다. 그 남학생은 가정 형편이 어려운 사람처럼 보였다. 옷차림이나 외모를 볼 때 동정심이 갈 정도로 키가 작고 얼굴에 생기가 없었다. 그러던 어느 날 나에게 "국어사전이 있으면 빌려줘."라고 했다. 사전을 빌려주었는데, 며칠 후 책 속에 편지를 넣어 우리 집에 찾아왔다. 나에게 주려다 아버지에게 들키고 말았다. 아버지는 꾸짖지는 않았으나 나는 화가 나서 편지도 읽지 않고 찢어 버렸다. 그때는 이성과 교제하는 것은 매우 나쁜 행동이라고 생각했기 때문이다. 다음 날, 등굣길에 그 남학생이 나의 동정을 살필 때 화난 얼굴로 대했더니, 그 뒤로 다시는 내 앞에 나타나지 않았다.

1950년대 말, 생활이 어려웠고 교통도 불편했다. 수학여행을 1박 2일 전라남도 구례 화엄사로 갔다. 석탄을 실어 나르는 기차에 올라 가마니를 깔고 앉아 갔다. 굴속을 지나자 모두의 얼굴이 새카맣게 변해 코와 눈만 보이는 괴물이 되어 있었다. 우린 서로 얼굴을 보고 배꼽을 잡고 한참을 웃었다. 기차에서 내린 후에는 화엄사까지 트럭에 실려 갔다. 차가 비포장도로를 달리며 펄쩍펄쩍 뛰기는 해도 그 자체가 신났다. 우리는 화엄사에서 하룻밤을 묵었다. 절의 화장실은 너무 넓고 깊어 다리가 떨리고 무서웠다.

하동중학교는 학력 면에서 도시 학교에 뒤지지 않았다. 내가 진주사범학교에 시험을 치고 면접을 볼 때, 면접관은 선배들을 칭찬하며 잘 따라오라고 격려해 주었다. 반에서 하위권 성적인 학생도 여러 명 진주여고에 합격했다.

하동중학교! 섬진강의 맑은 물, 하늘을 향해 쭉 뻗은 송림을 닮아 우리는 바르게 자랐고 꿈을 향한 기백도 살아 있었다. 섬진강 변의 고운 모래 언덕은 좋은 공부방이었다. 송림과 어우러진 음악 수업은 지금도 감성적인 노인으로 노래하게 한다. 비록 얼굴은 깜둥이가 되었어도 처음 타 본 기차 여행이 추억을 불러온다. 그때가 인생의 탑을 쌓기 위해 어두운 현실을 딛고 비상하려는 몸부림이었다.

†

경남실업고등학교

경남실업고등학교는 1961년도 진주사범학교에 입학한 학생들의 모교 이름이다. 1학년 때는 진주사범 배지를 달고 사범학교 마지막 기수와 같은 교정, 같은 선생님의 지도를 받았다. 그 후에는 진주교육대학 첫 기수와 함께 공부했으나 우리는 경남실업고등학교 졸업장을 받았다. 경남실업고등학교는 1회 졸업생만 배출한 뒤 사라지고 학사에 관한 제반 서류가 진주공업고등학교로 이관되어 진주공고의 선배가 되었다. 국가적으로 초등 교원 교육제도가 사범학교에서 교육대학으로 개편되는 과도기에 있었던 일이라고 생각된다. 그때 교육행정의 갈팡질팡한 면을 여실히 보여주고 있다.

나는 하동중학교를 졸업하고 친구 두 명과 함께 진주사범학교에 입학했다. 가정 형편이 어려워 교복도 맞추지 못하고 네 살 많은 고모가 입었던 교복을 물려받았다. 그것도 새것이 아니었고 고모보다 두 살 많은 삼촌 교복을 고쳐 입은 옷이라 큰 것은 물론이고, 주머니를 뗀 자리에는 변색한 얼룩도 있었다. 고 3이 되었을 때 의리의 친구 상남이가 졸업생의 옷을 가져와 내게 주었다. 그때 내 몸에 맞는 교복을 처음 입어 보았다.

친구와 교정에서 입학 기념으로 찍은 사진을 보니 내 형색이 말이 아니었다. 머리는 자르지 않아 길었고, 바지는 크고 길어 치마 같았으며, 윗옷은 너무 커서 어깨 부분이나 허리 다트가 제 자리에 있지 않았다. 먹는 것도 제대로 먹지 못해 눈만 빠끔하게 뜬 내 모습은 내가 보아도 너무나 초라한 모습이었다. 자존감이 무너지는 것 같아 그 사진을 찢어 버렸다. 초라한 내 모습에 걸맞은 나의 짧은 생각이었다. 섬마을에서 고생하시는 할아버지께서 등록금을 마련하여 공부할 수 있는 길을 열어주었기에 많은 어려움을 참고 3년을 버티며 살았다.

나는 동기생보다 한 살 빨리 초등학교에 입학하고, 생일이 12월이라 두 살이나 작은 나이었다. 그래서인지 공부는 그런대로 따라갔지만, 세상 돌아가는 물정은 까막눈이었다. 오랜 세월이 흐른 후, 고등학교 동기 모임에서 “내가 고등학교 다닐 때 교복이 아주 누추했지?”라고 말을 꺼냈더니 친구 중 한 명이 내 이름을 부르면서 말했다. “아이고 그때 네가 복도를 지나가면 애들이 너를 보려고 창밖으로 우르르 몰려왔다."라고 했다. 나는 그런 것도 모르고 지냈으니 얼마나 답답한 사람이었는지 짐작이 된다. 나는 그 친구의 말이 섭섭하거나 부끄럽지 않았다. 내게 솔직하게 말해 주는 친구가 있어 고마웠고, 그때의 부끄러움을 이겨 내고 많이 성장한 것이 오히려 자랑스러웠다.

나는 고등학교 시절의 어려움을 공부하는 재미로 이겨 내며 경남실업고등학교를 졸업하고 부산대학교 약학과를 지원했다. 다른 과목에 비해 화학과 성적이 좋은 편이라 담당 선생님이 추천해 주셨다. 그러나 부산대학 입시에서 떨어짐으로 객지에서 힘들게 공부한 고등학교 졸업도 물거품이 되고 말았다. 가족은 내가 대학에 떨어진 것을 오히려 다행으로 여기며 아무도 도전할 수 있는 길을 열어 주지 않았다. 졸업할 때 성적은 교육대학은 충분히 들어갈 수 있었는데 아쉬움이 물밀듯 밀려왔다.

여기에서 포기할 수 없었다. 교육대학을 목표로 삼촌에게 돈 3,000원을 얻어 헌책방에서 문제집 6권을 사서 준비했다. 그러나 집에서 혼자 공부하는 일은 쉽지 않았다. 내가 세운 계획의 반도 이루지 못한 채 1학기가 지나 버렸다. 2학기부터는 이를 악물고 문제집을 풀었고, 내가 졸업한 초등학교까지 먼길을 걸어 풍금을 치는 훈련도 해야 했다.

진주교육대학에서 시험을 보는 날, 꼴찌라도 합격만을 바라며 시험을 쳤는데 많이 풀어 본 문제들이라 화학 과목과 수학은 거의 만점을 받을 수 있다는 자신감도 들었다. 그때는 라디오가 없어 마을 스피커를 통해 합격자를 발표했다. 내 이름은 합격자 발표에는 없었으나 마지막 여학생 수석에 내 수험번호와 이름이 발표되었다. 나는 너무나 기뻐 어쩔 줄 몰랐고 할아버지는 산등성이에서 내 이름을 부르며 '장하다'를 연발했다고 한다. 그 당시 경남실업고등학교 이존영 교장선생님이 서울에 출장을 가는 중, 라디오에서 진주교대 여자 수석이 부산에 있는 경남여자고등학교로 발표되어 대전에서 내려 바로잡았다는 얘기도 있었다.

'경남실업고등학교' 1회 졸업생만 배출하고 사라진 학교, 아무도 알아주지 않는 학교이지만 그 이름 귀하게 여기며 다시 불러 본다.

†

자취 생활의 추억

우리나라 60년대 생활은 지금과 비교가 안 될 정도로 가난했다. 내가 자란 섬마을은 삼시 세끼 밥을 먹을 수 있으면 잘사는 집이었다. 우리 집은 먹는 것은 궁하지 않았으나 돈은 귀했다. 더구나 딸아이가 객지에서 공부한다는 것은 어림없는 일이었다. 그러나 할아버지께서 젊은 날, 본인이 못다 이룬 꿈에 한이 맺혀 누구든지 학교에 합격만 하면 공부를 시켜 준다고 희망을 불어넣어 주었다. 나는 할아버지 뜻에 용기를 얻어 진주사범학교에 입학했다.

입학의 기쁨도 잠시, 나는 키가 작아 출석 번호 1번이 될까 봐 걱정되었다. 마침 신입생 임시 모임 때 키가 작은 사람이 있어 옆에 가서 키를 맞추어 보다가 그 친구의 미움을 사기도 했다. 그 친구는 2번 나는 3번이 되어 친하게 지내며 친구의 집 근처 시골에서 자취 생활을 시작했다. 환경이 열악하여 나무로 밥을 짓고 방에 불도 지펴야 했다. 차가운 방에서 찬밥을 먹을 때가 많았다. 위장병을 앓아 한 달 정도 학교에 다니지 못했다. 지금은 삼천포와 창선섬에 다리가 놓여 단숨에 삼천포를 경유하여 진주에 갈 수 있으나 그때는 교통이 여간 불편하지 않았다. 쌀자루를 머리에 이고 두 시간 정도 걸어 여객선을 탈 수 있었고, 삼천포 장날에는 물때를 맞추어 돛단배를 타고 몇 시간 만에 삼천포에 도착했다. 냉장고도 없던 시절, 반찬은 무엇을 먹었는지 기억나지 않는다.

그 후, 도시로 나와서 한 친구와 또 자취 생활을 시작했다. 친구 집은 우리 집보다 넉넉한 편이었고 가까워 끼니마다 반찬이 있었다. 처음에는 친구와 반찬을 나누어 먹었으나 나는 반찬 없이 자주 얻어먹다 보니 친구도 인색해지기 시작했다. 그때 나는 식욕조차 왕성하여 친구의 미움을 사기에 충분했다고 생각한다. 공부는 그런대로 따라갔지만, 삶에 대한 아쉬움이 많았다. 그때는 조부모님도 부모님도 객지에서 공부하는 자녀에게 관심을 쏟을 여유가 없었다. 내가 어려움을 말하지 않으면 잘 있는 줄로 여기는 시절이었다.

하루는 친구가 밥솥 뚜껑을 열고 중앙에 선을 그어 먹자고 제의했다. 물론 반찬도 각자의 것만 먹었다. 나도 그러자고는 했으나 중앙선까지만 먹어야 하는데 내 숟가락은 선을 넘어가고 있었다. 나는 자존심보다 식욕이 앞설 정도로 철이 없었던 것 같다. 지금 생각하니 친구도 속상함을 참다못해 낸 의견이었는데 나는 식욕이 앞서 친구의 마음을 헤아릴 여유가 없었다.

자취 생활의 비참함은 여기서 끝나지 않았다. 하루는 반찬이 하나도 없었고 친구는 진간장만 남아 있었다. 수업이 끝나자마자 집으로 달려와 문을 닫고 친구의 진간장을 훔쳐 밥을 먹었다. 친구도 내가 자기 반찬을 훔쳐 먹을 것을 예상했는지 문을 열고 들어서자마자 화를 얼마나 내는지, 친구가 너무 독하다는 생각이 들어 훔쳐 먹었어도 미안하다는 말이 나오지 않았다. 그 후 우리는 한 집에 살면서도 서로 말을 하지 않고 지냈다. 졸업이 얼마 남지 않아 그래도 끝까지 함께 했다.

세월이 흐르고 흘러 뒤돌아보니 미련하고 염치없었던 자취 생활이 떠올랐다. 다툰 친구가 고맙고, 보고 싶어 수소문하여 찾았다. 그리고 그때 미안했다는 말을 건네고 싶었다. 마침 친구는 지방에서 이곳 수도권으로 올라와 혼자 생활하고 있었다. 이곳에서 생활하는 고등학교 시절의 죽마지우들을 불러 내가 진 빚을 갚으려고 한턱냈다. 친구들은 거의 팔순을 바라보고 있어 학창 시절에 대한 회상은 없고, 건강 이야기, 복지관에 다니는 얘기뿐이었다. 말할 수 없이 가난했던 자취 생활, 친구는 진간장에 대한 기억을 못 할 수도 있어 나도 말하지 않았다. 둘이 자취할 때 친구의 도움을 많이 받았다는 말로 끝냈다. 친구도 같은 고향 친구보다 나를 더 안아주고 있었다.

60년대 초반에는 자기 앞가림하기에 바빠 다른 사람을 돌아볼 여유가 없었다. 서로 어렵다 보니 먹는 것에 대한 쟁탈전은 어쩔 수 없는 일이었고, 어쩌면 그 친구가 참아 준 덕분에 졸업할 수 있었는지 모른다. 식탁에 앉으면 60여 년 전에 훔쳐 먹었던 진간장이 머리에 맴돈다. 그 빈곤이 지금의 풍요로운 식생활에 남달리 감사하게 된다. 다른 사람의 어려운 삶도 예사로 보이지 않는다. 작은 것이라도 건네는 사람이 되었다. 그때의 어려움이 그 무엇으로도 얻을 수 없는 귀한 정신적 재산으로 나를 풍요롭게 한다.

†

백지동맹

나는 마산 월포초등학교를 시작으로 43년 간 교사로 근무했다. 올해로 퇴임 16년, 가끔 빛바랜 인사 기록 카드 속에서 지난날의 행적을 살핀다. 젊은 날 열심히 달렸구나 싶다. 자격증과 훈련, 포상을 기록한 면이 빽빽하다. 지금 와서 돌이켜 보니, 순탄했던 일은 기억에 없고 열정 하나로 살다가 상처를 입은 곳에서 눈이 멈춘다. 학생들의 '백지동맹' 내가 담임한 반에서 내가 감독하는 시간에 일어났다. 그때의 심정은 교육자로서의 모멸감이 극에 달했다.

경상남도교육청 산하에는 시골에 있는 학교가 많다. 부부 교사로서 출퇴근이 가능한 학교에 근무하려면 어디든지 근무 조건을 따질 여유가 없었다. 남편은 이웃 학교에, 나는 양산시 좌천리에 있는 장안고등학교에 근무했다. 이 학교는

1974년도에 신설된 학교로 3학급의 학생과 소수의 교사가 주인이 되어 만들어 가는 학교였다. 학생들은 수업 시간에도 학교 주변을 정리하는 작업을 할 때도 있었고, 몇 사람의 교사가 자신의 전공과목 외에 타 과목을 나누어 지도했다. 나는 가정, 가사과 외에 도덕, 산업일반, 음악 등 다섯 과목을 가르쳤다. 가장 어려운 것은 음악 수업이었다. 교육대학을 졸업했기에 겨우 수업은 할 수 있었으나 교가는 정확하게 지도하는지 의문이 들기도 했다. 이웃 학교 교장 선생님이 작사, 작곡했는데 마침 우리 학교 행사 때 참석하였기에 여쭈었더니 제대로 가르쳤다고 하여서 다행이었다. 지금의 갖추어진 교육제도와 비교하면 너무나 뒤떨어진 70년대의 교육 현장이었다.

나는 3학년 1학기 말 일본어 시험 감독을 하였다. 여느 때와 같이 학생들은 답안지를 작성했는데, 시험 시간이 끝나갈 무렵 지우개로 답을 지우는 학생이 많았다. 조금 이상하다고 생각했지만 백지동맹을 약속하고 행동으로 옮기는 줄은 상상도 하지 못했다. 일본어는 교감 선생님이 지도한 과목이었다. 교감 선생님은 어떻게 담임이 감독하면서 학생들이 백지동맹을 하도록 했느냐고 하였다. 나는 할 말이 없었다. 여교사가 나 혼자라 입학 때부터 3년째 줄곧 맡아온 여학생반이다. 내 나름대로 학생을 바르게 지도한다고 했지만, 이런 결과가 되고 보니 뒤통수를 크게 맞은 기분이었다. 배신감마저 들어 그날로 담임을 포기했다. 학교에서는 연세 많은 남자

선생님, 교무부장 선생님을 담임으로 임명했다.

이 사건은 앞만 보고 달리던 직장 생활에 찬물을 끼얹었고 한편으로는 나를 돌아보게 했다. 새로 맡은 선생님은 나와 정반대로 학급을 운영했다. 조, 종례 시간에도 반장을 불러 지시하고 학생들에게 전혀 신경을 쓰지 않았다. 그래도 학급은 잘 운영되고 있었다. 나는 고등학교 3학년을 초등학생이나 중학생을 지도하듯 잔소리를 많이 했으니 학생들이 싫어했구나 싶었다. 그래도 졸업하는 날은 한 사람이라도 와서 인사하고 떠나지 않을까 내심 기다렸는데 아무도 오지 않았다. 혼자 퇴근길을 걷는데 발걸음이 그렇게 무거울 수가 없었고 제자들이 괘씸하기도 했다. 앞으로는 학생들에게 냉담한 교사가 되겠다는 다짐도 했다.

이듬해, 교육자로서 쓰라린 상처를 안고 밀양시 소재지의 시골 중학교로 이동했다. 그곳에 왔어도 제자들을 향한 야속함은 바위처럼 굳어 있었고 나 자신을 누르는 무력함도 있었다. 3년째 접어든 어느 스승의 날, 무심히 교무실에 앉아 창밖을 보니 앳된 여성이 꽃바구니를 들고 걸어오고 있었다. 그녀는 교무실에 들어와 나를 찾았다. 자세히 보니 생각지도 않았던 장안고등학교 제자였다. 나는 매우 놀라고 한편 반가웠다. 제자는 내 손을 잡고 말했다. "선생님께 용서를 구하고 싶어 물어물어 찾아왔습니다."라고 했다. 졸업 후 저희끼리 만나기만 하면 선생님께 잘못했다고 말한다면서 내게 꽃바구니를 건넸다. 바구니에는 예쁜 꽃송이와 함께 선생님 은혜 잊지 않겠다는 카드도 실려 있었다.

사제 간의 정은 멀고도 가까웠다. 꽁꽁 얼어붙었던 내 마음은 어느새 녹아내리고 있었다. 그들은 여기에서 끝나지 않았다. 개교 때부터 함께 했던 몇 선생님을 초청하여 회식 자리를 마련하고 '스승의 은혜' 노래를 부르며 감사 잔치를 베풀어 주었다. 오랜 교직 생활 중 수많은 제자가 있었지만, 40여 년이 지난 지금까지 오직 그들만이 내 품에 안긴다.

백지동맹, 어찌 학생들만의 잘못이라고 할 수 있을까? 시골 인문계 고등학교에서 영어는 물론 제2 외국어, 일본어과 시험공부가 싫은 것은 뻔한 일이다. 몇 과목은 자격도 없는 교사가 가르쳤고, 3년 동안 같은 담임 밑에 잔소리를 듣는 괴로움 등이 쌓여 있지 않았나 싶다. 신학기 새 담임을 발표할 때마다 학생들의 환호성이 지붕을 뚫는데….

이제 내가 너희에게 미안했다고 말하고 싶다. 장안고등학교 1회 졸업생, 3학년 3반 내 사랑하는 제자들아, 너희들 나이를 짚어보니 어느새 60대 중반에 들어섰겠구나. 백지동맹, 아름다운 추억으로 남아 너희들을 다시 내 가슴에 새겨 본다.

†

기획 부동산

지방에서 수도권으로 이사 온 지 얼마 되지 않아 지인으로부터 전화가 왔다. 자신이 부동산 중개업에 종사하고 있는데 좋은 땅이 있다고 한번 만나자고 했다. 그녀는 오래전부터 아는 사이이고 부동산 매매로 돈을 많이 벌었다. 오랜만에 지인을 만날 겸 그 사람이 소개하는 것이면 괜찮다는 생각에 남편과 함께 찾아갔다. 사장은 경기도 이천시의 지도를 보여주며 3년 후 전철이 개통되는 이천역 주변 낮은 산이라고 설명했다. 매매가는 평당 27만 원이며 건설업체에서 아파트를 지으려고 협상도 들어온다고 했다. 이 토지 주변에 땅을 보상받는 사람은 평당 80만 원씩 받았다고 하며 이 땅도 곧 풀릴 것이라고 했다.

현지 땅을 보러 이천으로 갔다. 역이 들어서는 위치와 근처 야산을 보여 주며 점심까지 대접했다. 나는 그 사람의 말을 듣고 계약하고 싶었으나 남편이 집에 가서 생각해 보고 연락하겠다고 했다. 남편은 "그렇게 좋은 땅이면 왜 다른 사람에게 파느냐?"라고 하며 없던 일로 하라고 했다. 나는 소개해 준 지인이 마음에 걸려 이 일을 어떻게 처리하는 것이 좋을지 고민이 되었다. 지인으로부터 또 전화가 왔다. 땅을 사면 곧 두세 배 오를 것이라고 투자를 권했다. 자신도 이곳에 돈을 빌려서라도 땅을 살 것이라고 했다. 나는 갈등하다가 땅은 사지 않고 지인에게 3,000만 원을 빌려주기로 했다.

그 후 회사 상무로 근무하는 사람이 내게 전화했다. 내가 아는 지인과 같이 근무해 보니 횡설수설하는 사람이라 부동산에서 내보냈다고 했다. 그리고 그 사람을 어떻게 믿고 돈을 빌려주느냐고 하며 그 사람이 산 땅을 넘겨받으라고 조언해 주었다. 고민끝에 지인에게 땅 100평을 넘겨받기로 했다. 서류 정리를 위해 회사에 갔을 때 지인은 오지 않았고 사장이 일을 처리했다. 그러면서 회사에서 50평을 20만 원에 싸게 줄 테니 더 사라고 권했다. 나중에 전원주택을 짓더라도 대지가 넓은 것이 좋을 것 같아 1,000만 원을 더 주고 땅 150평을 넘겨받았다.

수도권에 집을 지을 수 있는 땅이 있다는 것만으로도 마음은 벌써 부자였다. 그러나 회사에서 도시계획 발표가 나면 곧 개인에게 연락하겠다고 했는데 2년을 기다려도 아무 소식이 없었다. 불현듯 불안한 마음이 들어 등기부 등본과 토지 이용계획서를 확인해 보았다. 내가 산 이후에도 많은 사람이 땅을 샀고 가격도 조금 비싸게 판매되고 있었다. 토지 이용 계획서에는 공익용 산지, 보전 녹지지역, 농림지역이라 쉽게 다른 사람에게 팔 수 있는 땅이 아니었다. 회사에 전화했더니 땅을 살 때 설명한 사장과 상무는 벌써 떠났고, 뒤에 숨어있던 주인이 곧 땅이 풀릴 것이라고 하며 조금만 더 기다리라고 했다.

그 후 뜻밖에 종로 경찰서에서 전화가 왔다. 이 땅을 살 때 사실과 다르면 변상하겠다는 각서를 받았는지 물었다. 나는 부동산을 소개한 지인의 땅을 소유했다고 했다. 땅을 산 사람들이 처음 설명과 달라 회사를 상대로 고발한 것 같았다. 나는 그때까지도 설마 그 사람들이 그렇게 거짓말을 했을까 싶기도 했지만, 땅을 확인해 보아야 할 것 같아 이천으로 갔다.

부동산에 들러 지번을 말하니 땅의 소재가 이천역 부근이 아니고 산 정상이라고 하면서 기획부동산 업자에게 잘못 산 땅이라고 했다. 도저히 믿어지지 않아 이천 시청을 찾아 다시 확인해 보았다. 직원은 "이 땅은 설봉산 정상 부분"이라고 했다. 나의 허탈한 표정에 토지이용 현황과 인공위성에서 찍은 사진을 보여 주었다. 역과 너무나 떨어진 산 정상이었다.

그동안 부동산을 사고, 판 경험이 있었지만 이렇게 계획된

거짓말로 경제적 손실을 입힌 일은 없었다. 법을 교묘하게 피해 지금도 버젓이 회사를 경영하는 것을 보면 조금도 양심의 가책을 느끼지 못하는 사람들이다. 지인 전화번호는 여러 번 변경하여 찾을 수도 없었다. 부동산 업자들을 혼자 만나 말할 용기가 나지 않았다. 오히려 무섭기도 했다. 여기서 끝내야 할 것 같다.

이런 경우는 법적으로 판 사람이나 산 사람 똑같이 잘못된 사람으로 본다고 했다. 파는 사람에게 책임을 묻는 각서를 받거나 거짓말을 한 증거물이 없으면 판 사람을 고발하기 어렵다고 했다. 설령 고발하더라도 돌려받을 수 있는 재산이 없으면 무효가 된다고 한다. 물건에 대한 서류를 확인하지 않은 책임이나 일확천금을 벌겠다는 허황한 생각을 한, 산 사람의 잘못도 크다고 했다. 거짓말에 속아 부동산을 사서 손해를 본 사람들이 주위에 더러 있었다. 사기를 치는 사람을 말하기 전에 땅의 등기부 등본과 토지이용계획서를 확인해야 했다. 다른 부동산을 찾아가 땅의 지번과 위치를 정확하게 알아보는 것이 중요하다. 그리고 과욕을 버려야 한다는 교훈도 얻었다.

†

서금요법

서금瑞金요법은 유태우 박사가 고려수지침을 발전시켜 건강에 도움을 주는 대체의학이다. 서瑞는 좋은 기운을 뜻하고 금金은 쇠붙이의 총칭으로 생태 전류의 기운이 강력함을 나타낸다고 서금瑞金의 의미를 말하고 있다. 서금요법에서 손은 신체의 축소판이다. 내장에 질병이 있으면 손에 압통 반사점이 나타남으로 그곳을 금속 기구로 자극했을 때 내장반사가 일어나 질병이 낫게 된다. 내가 주로 애용하는 서금요법은 금속의 끌어당기는 자성을 이용한 기구이다. 몸에 부작용이 없으면서도 이용이 간편하고 효과가 뛰어나 자랑할 만하다.

내가 민간요법의 효과를 알게 된 것은 직장에서 갑자기 배가 아파 고통스러워할 때였다. 식은땀이 나며 배가 아파 어쩔 줄 몰랐다. 같은 학교에 근무하는 버스 기사 아저씨가 손을 내밀어 보라고 하더니 손바닥의 중심 부분을 힘껏 눌렀다 놓기를 반복했다. 너무 아파 소리를 질렀으나 아랑곳하지 않고 몇 번 누르고 나니 금방 복부의 통증이 없어지면서 노곤해졌다. 하도 신기하여 어떻게 된 것이냐고 물었다. 손바닥에서 복부에 해당하는 부위를 지압한 것이라고 했다. 배가 아팠는데 손에서 치료하니 신기했다. 민간요법의 효과가 크다는 것을 몸소 체험했기에 서금요법을 배우게 되었다.

서금요법은 의료 부문이라서 그런지 내용이 어렵고, 방법도 다양했다. 배울수록 복잡하고 끝이 없어 겨우 수지침사 자격증만 따고 중단했다. 지금은 간단하면서도 효과 있는 금속 기구 몇 가지만 이용하고 있다. 부치기만 하면 고통을 해소하는 '기마크봉'과 수지침을 대체하여 제작된 '압진봉'이다.

압진봉은 몸통 안에 반도체가 내장되어 있어 금속이온 전기가 나오고 압박 자극을 주는 기구이다. 볼펜처럼 생겨 휴대하기도 좋고 상비약처럼 쓰이는 응급처치 기구이다. 손가락의 기맥에서 압통 반사점을 쉽게 찾을 수 있고 통증이 있는 곳을 살짝 누르기만 해도 수지침의 효과와 크게 다르지 않다.

어느 날 지인의 병문안을 간 적이 있었다. 지인은 집에서 일하다 넘어져 정형외과에 입원하여 치료받고 당일 퇴원할 수 있었으나, 속이 거북하여 내과에 진료받으려고 기다리고 있었다. 나는 압진봉을 꺼내 손가락의 기맥에서 혈점을 찾아 몇 군데를 누르니 아프다고 했다. 그곳을 압진봉으로 자극하고, 손바닥 사이에 압진봉을 놓고 양손으로 비비게 했다. 속이 편안해졌다고 하면서 예약을 취소하고 나와 함께 퇴원한 적도 있었다. 교회에서도 압진봉으로 급체 환자 몇 명을 치료하고 나니, 그 일로 나는 유명인이 되었다.

사람의 신체는 한 몸이지만 좌우의 건강 상태는 다르다. 나는 얼굴 왼쪽이 약해 치아와 귀가 연결된 부분에 통증을 느낀다. 이곳을 압진봉으로 자극하면 막힌 곳이 뚫리면서 혈액 순환이 된다. 밤에 잠을 쉽게 들지 못할 때도 압진봉으로 이마와 눈 주위를 살짝 눌러 압통점을 찾아 몇 번 눌러 주면 잠을 잘 수가 있다.

기마크봉은 큰 것과 작은 것, 은색 금색이 있다. 나는 작은 은색 기마크봉의 효과를 많이 본다. 접착력이 있는 1cm의 둥근 테이프에 직경 0.5cm의 수지침 기마크 금속 돌기가 붙어 있다. 사용법도 원하는 곳에 붙이기만 하면 된다. 여름철 모기에게 물린 자리에 붙이면 순식간에 가려움증이 사라진다. 그 어떤 약품보다 효과가 크다. 입술에 단순포진이 돋아날 때도 기마크봉을 붙이면 욱신거리던 통증이 가라앉으며 치료가 된다. 화상을 입었을 때도 화상의 주위에 기마크봉을 부치면 화끈거리는 고통이 쉬 사라진다. 손의 혈 자리에 부치면 해당하는 장기가 편안해진다. 기마크봉의 치료 원리가 무엇이냐고 강사에게 물었더니 금속 돌기가 활성산소를 잡아주는 것이라고 했다. 서금요법에는 압진봉과 기마크봉 외에도 반지, 팔찌, 발찌, 발지압판, 아큐빔 등 여러 가지가 있다. 딸아이는 발지압판을 이용하여 변비를 해결하고 있다.

혹자는 서금요법이 의학적 근거도 없는 것이라고 하찮게 여길 수도 있다. 그러나 40여 년간 고려수지침을 연구한 유태우 박사는 모든 질병은 각 신경세포의 전자부족에서 발생하며 부족한 전자를 보충받으려고 질병 반사가 일어난다고 말한다. 부산대학교 의학전문대학원 박규현 명예교수와 일본의 여러 침구사는 한일 서금요법 학술대회에서 임상 연구의 논문을 여러 번 발표하여 서금요법의 우수성을 증명했다. 서금요법의 발전을 위해 노력하신 분들의 노고에 감사드린다.

†

김치의 맛을 찾아

김치는 우리의 식탁에서 빼놓을 수 없는 반찬이다. 우리 선조들은 삼국시대 전부터 김치를 담가 먹었다는 기록이 있다. 처음에는 채소를 소금에 절여 장아찌로 만들었고 임진왜란 이후 고추가 들어오면서 지금의 붉은색 김치가 만들어졌다고 한다. 특히 김장 김치는 이웃과 더불어 김치를 담그고 나누는 문화를 인정받아 2013년 유네스코에 인류 무형 문화유산으로 등재되기도 했다.

나는 김치를 담가 본 경험 없이 결혼했다. 시댁에서 김장하는 날, 일할 줄 몰라 허드렛일하며 눈치껏 배우려고 애썼다. 시어머니와 시누이는 김장하는 일에 노련했다. 배추를 절일 때는 잘라 소금물에 푹 적신 후 줄기 부분에는 소금을 더 뿌렸다. 양념은 두 종류를 준비했다. 오래 두고 먹을 김치는 젓갈이나 양념을 적게 넣고, 갓 먹을 김치는 온갖 양념을 넣었다. 시댁에서 배운 것을 중심으로 김치를 여러 번 담가 보았으나 머리로는 알겠는데, 실제 내가 담근 김치는 실패의 연속이었다. 소금으로 배추 절이는 것이 서툴러 배추가 살아나는 김치, 생강을 많이 넣어 쓴맛이 나는 김치, 양념이 많아 김치가 빨리 삭아 시어 버린 김치 등.

내 실력으로는 안 되겠다는 생각에 김치 장인이나 다른 사람의 요리법을 참고하여 담가보기도 하고 상품으로 파는 김치를 사서 먹어보기도 했다. 처음에는 그런대로 맛이 있는 것 같아도 금방 삭아서 배추의 아삭한 맛은 오래가지 않았다. 어느 겨울, 교회에서 성도들과 점심을 먹었는데 강원도가 고향인 권사님이 가지고 온 김치가 내가 원하는 그 김치였다. 배추의 아삭한 맛이 살아 있는 잘 숙성된 김치, 그녀는 내가 자신이 가지고 온 김치만 먹는다고 자랑삼아 얘기했다. "이 김치 어떻게 담갔느냐."라고 물었더니 "그냥 우리 김장김치"라고 하면서 특별한 비법은 없다고 했다.

그녀가 주관하는 교회 김장하는 날에 맛있는 김치의 비결을 배울 것이라고 기대하며 거의 일 년을 기다리다 동참했다. 양념의 비율이 어떻게 되는지, 그것이 무척 궁금했다. 양념의 재료는 무채, 고춧가루, 멸치액젓, 찹쌀 풀, 마늘, 갓, 파 등 내가 준비하는 재료와 별반 다르지 않았다. 그녀는 큰 대야에 멸치액젓 한 통을 반쯤 붓고 고춧가루를 쏟은 후, 전날 준비하여 둔 여러 가지 재료를 혼합하여 뚝딱 양념을 만들었다. 각종 양념의 양은 어떻게 계산하느냐고 물었더니, 그냥 눈대중으로 하며 마지막에 소금으로 간을 맞춘다고 했다. 필기구까지 준비하였으나 무엇 하나 적을 것도 없이 기대는 물거품이 되었다.

절인 배추에 양념을 넣는 일은 간단하면서도 많은 사람이 필요했다. 넓은 탁자 위에 비닐을 깔고 절인 배추에 양념을 발랐다. 교회 목사님까지 힘을 보탰다. 한참 김치를 담그는 중, 그녀는 남은 배추에 비해 양념이 적다며 지금부터는 양념을 대충 바르는 수준으로 하라고 했다. 나는 이렇게 양념을 적게 바르면 무슨 맛이 있을까 걱정이 되었다. 그래도 일이 빨리 끝났으면 좋겠다는 생각에 모두가 양념을 아끼고 아껴 마무리하는 것 같았다.

새해가 되어 교회에서 국수를 먹는 날이었다. 배추의 아삭한 맛이 살아 있는 잘 숙성된 김치, 2년 전 맛있게 먹었던 그녀의 김치가 나왔다. 지난번 김장할 때 양념을 대충 바른 그 김치라고 했다. 오래 두고 먹을 김치는 양념의 양이 적어야 한다는 시댁에서 김장할 때 배운 것과 같은 원리인 것을 알게 되었다.

중국 장자의 윤편 이야기가 생각났다. 정확하게 깎은 것은 손짐작으로 터득하고 마음으로 느낄 뿐, 입으로는 말할 수 없어 쉽게 전수할 수 없는 것처럼 김장 역시 마찬가지였다. 오랜 경험에서 터득한 눈대중으로 가늠하는 그녀의 손맛에서 김치의 아삭한 맛이 나오고 있었다. 나는 아직도 그녀의 김치 맛을 따라갈 수는 없다. 그래도 가족이 김치를 즐겨 먹는 것만 봐도 흐뭇하다. 다른 사람에게 나누어 준 김치가 '맛있다는 말'로 돌아오면, 어느새 김치 장인이 된 기분이다.

잘 숙성된 김치의 오묘한 맛은 땅속에서 자란 배추, 바다의 기운을 풍기는 젓갈, 온도를 잡아주는 하늘의 기운이 공존할 때 천하일품의 맛을 풍긴다. 세계 김치연구소의 프랑스 연구진은 김치와 같은 발효 채소나 마늘을 포함한 다양한 향신료가 코로나19 감염증의 사망자를 줄였다고 한다. 우리 선조들이 남겨 준 지혜로운 음식, 김치가 우수하다는 것을 새삼 느낀다. 젊은 세대에도 김치 담그는 비법이 전수되고 밥상에 김치의 맛이 이어지기를 바라는 마음 절실하다.

†

상조 피해

나는 직장 퇴직을 몇 년 앞두고 보험설계사로부터 월 5만 원, 기간 50개월, 총금액 250만 원 상조에 가입했다. 상조회사는 상조 만료 몇 달 전에 다른 회사로 넘어가 인수한 회사에 낸 보험금의 50%, 10만 5천 원만 돌려받을 수 있다는 내용의 우편물을 보내왔다. 250만 원이 10만 5천 원이 된 셈이다. 무슨 내용인지 궁금하여 인수한 회사에 전화했더니 받은 우편물의 내용 그대로라는 말만 했다. 처음 가입한 상조회사는 전화가 되지 않았고, 상조 가입을 권했던 보험설계사는 오래전에 그만두어 아무 도움도 받을 수 없었다. 인터넷에서 상조 피해를 검색했더니 나와 같이 피해를 본 사람들이 아우성을 치고 있었다.

하도 황당하여 살펴보니 2020년대, 나라에서 우후죽순처럼 생긴 부실한 상조회사의 문제점을 해결하기 위해 가입자의 피해를 막는 제도를 수립한 것으로 보도되었다. 상조회사는 가입자가 낸 돈의 50%를 상조보증공제조합에 예치하게 하고, 자본이 없는 회사는 더이상 운영할 수 없도록 한 제도였다. 부실 상조회사에 이미 가입한 사람은 신용 있는 상조회사의 특별회원으로 가입되고 상을 당했을 때 인수한 회사가 책임지고 상을 치러주는 상조 이행 보증제를 실시하게 했다.

아들은 공정거래위원회에 알아보라고 했다. 공정거래위원회 담당자는 나의 억울한 내용에 공감하며 인수한 회사 이름을 묻고 회사 담당자로부터 전화가 올 것이라고 했다. 며칠간 애를 태우며 걱정한 일이 너무나 쉽게 해결된 것이 꿈만 같았다. 상조회사 부장으로부터 필요할 때 장례를 이행해 주겠다는 전화가 왔다. 막상 상을 당했을 때 인수한 회사로부터 받은 증서가 없으면 공수표가 될 것 같았다. 회사에 보험증서와 제공할 품목 목록을 가입할 때와 똑같은 내용으로 보내 달라고 했다. 직원은 보내주겠다고 약속했지만 한 달이나 기다려도 오지 않았다. 공정거래위원회와 통화한 것, 회사 부장으로부터 확답을 받은 것 등을 다시 얘기했더니 그제야 잊었다고 하며 서류를 보내주었다. 한 번 속고 나니 믿는다는 것이 바보처럼 생각되어 인수한 상조회사와 전화한 내용을 모두 녹음했다.

문제가 된 상조를 빨리 사용해야겠다는 생각에 시어머니

상을 당하고 인수한 회사에 전화했다. 장례예식장이 경상북도라고 했더니 가까운 곳에 있는 담당자로부터 연락이 올 것이라고 했다. 그때 열차를 타고 내려가면서 전화를 주고받았는데 장례지도사가 장례식장에 와서 보험금 외에 150만 원을 더 지불해야 일할 수 있다고 했다. 내가 보험증서와 서비스 목록을 가지고 있고, 그동안 있었던 내용을 말해도 자기와 상관없는 일이라고 받아들이지 않았다.

보험회사에 장례지도사가 돈을 요구하니 어떻게 된 일이냐고 했더니 그러면 다른 사람을 보내주겠다고 하며 기다리라고 했다. 아무리 기다려도 오지 않고 독촉해도 소식이 없었다. 장례식장에 있는 시댁 형제들은 어디쯤 오고 있느냐? 빨리 일을 해야 하는데 늦어진다면서 재촉했다. 동행하는 남편도 일이 어렵게 풀린다는 것을 알고 자신이 가입한 상조회사에 연락하겠다고 했다. 초조한 마음에 이 상조를 포기해야겠다는 생각이 들어 마지막으로 전화했다. 상을 당한 사람을 두고 놀리느냐고 단호히 말하며 이 상조를 쓰지 않겠다. 통화 명세는 모두 녹음되어 있다고 말하며 전화를 끊었다.

잠시 후 상조회사로부터 180도로 달라진 전화가 왔다. 처음 온 장례지도사가 잘못했고 연결이 되지 않아 늦어졌으니 정말 미안하다고 하며 곧 사람을 보내주겠다고 했다. 남편과 내가 장례식장에 도착하니 장례지도사가 와서 기다리고 있었다. 우여곡절 끝에 문제가 된 상조를 사용할 수는 있었으나 증서에 있는 품목 밖의 물품이나 식장 장식에 더 들어가는 비용 등 약 200만 원을 더 지불해야 했다.

상을 당한 유가족의 다급함과 슬픔을 이용하여 시간 끌기, 돈 더 요구하기 등 불쾌한 일이 많았다. 인수한 상조에서 상을 치러주기는 했으나 실속은 다 차리고 있었다. 미리 준비한 상조가 없어도 장례식장에 맡기면 오히려 믿음직하게 상을 치르는 방법도 있었다. 피해자는 전화 1372번 소비자상담센터에 접수하라는 공지도 있다. 무슨 방법이든 사람의 '죽음'이라는 큰 슬픔을 이용한 부당거래가 없어져야 하겠다.

†

내 삶의 전환점

해방 전후 세대는 먹는 것에서부터 어려움을 겪었다. 그래서인지 사람들은 근면 절약이 몸에 배어 있고 웬만한 장애물에도 굴하지 않고 당당하게 살아왔다. 나 역시 일상에 미리 포기했던 기억은 별로 없다. 새로운 일에 호기심이 많아 다방면으로 바쁜 사람, 도전 정신이 강한 사람으로 내 삶에 쉼은 없었다. 더구나 25년 전 나의 발이 되어 준 자가용 덕분에 활기차게 달릴 수 있었다. 그런데 오늘은 그와 헤어질 수밖에 없는 날이 되었다. 마음이 아프고 미안하기도 하다. 이제는 동력을 잃으면서 부득불 삶의 방향을 바꾸어야 할 것 같다.

자가용 운전은 신나기도 하고 무섭기도 했다. 운전대를 처음 잡았을 때 신호 지키랴, 운전하랴 손에 땀을 쥐게 했던 기억이 생생하다. 적색 신호에도 멈추지 못하고 달리던 내 차를 세운 경찰은 "어쩜 브레이크 한 번 밟지 않고 마구 달리느냐."라고 했다. 내가 운전한 지 며칠 되지 않아 신호가 바뀌면 어쩔 줄 몰라서 잘못했다고 말한 적도 있다. '당신도 전에 초보였잖아요'라는 안내 문구를 보면 지난날 실수를 떠올리며 웃음 짓기도 한다. 처음 운전한 곳이 시골이어서 10여 년 전 이곳 수도권으로 올라와 조금은 편안하게 운전할 수 있었다.

나의 발이 되어 준 자가용은 시골 중학교 교장으로 승진했을 때 남편으로부터 받은 축하 선물이었다. 먼길을 운전해도 거실 소파에 앉아 있는 듯 편안한 동반자였다. 최근 들어 고장이 잦아 많은 돈을 들이면서도 수리하여 끝까지 함께 하려고 애를 썼다. 그런데 2019년 11월, 황색 점멸등이 켜진 교차로에서 내 운전석 쪽의 앞, 뒷문이 부서지는 충돌사고가 있었다. 큰 도로에서 마음 놓고 달리고 있었는데 갑자기 옆에서 다른 차가 들이받았다. 그날 이후로 조심스럽게 서행하며 다니는데 또 며칠 전 사고가 나고 말았다. 적색등이 켜진 상태에서 뒤차가 내 차를 세게 들이받아 연쇄 추돌사고가 났다. 뒤차 운전자가 밤을 새워 일하고 아침 10시경 퇴근하다 깜빡 졸았다고, 몸은 괜찮으냐며 어쩔 줄 몰라 했다. 연이어 일어난 큰 사고로 15년간 고락을 같이 한 동반자와 헤어지는 결정을 내릴 수밖에 없었다.

폐차장에서 차 안에 있는 물건을 챙겨 가라는 연락이 왔다. 온몸에 기운이 빠지고 마음도 울적한 상태로 도착했다. 그동안 묵묵히 함께 한 동반자는 부서진 몸으로 처량하게 서 있었다. 마지막 모습이라도 간직하고 싶어 휴대전화에 담았다. 두 번의 사고에도 자신은 부서지면서 나를 보호하여 아무 이상이 없도록 막아 준 의리의 친구였다. 고맙고 미안했다. 그동안 함께 하려고 애쓴 내 마음을 알아 달라고 말하려는데 눈물이 핑 돌았다.

친구가 떠난 뒤 한동안은 마음도 몸도 아팠다. 병원에서는 다행히 별 이상이 없다고 하여 기본 치료만 받고 퇴원했다. 주사나 약은 소염진통제로 속이 쓰리고 물리치료도 집에서 안마 기구로 하는 것이 더 나을 것 같았다. 교통사고 후유증은 오래간다지만 신체적 아픔은 직감되지 않고 정신적 상실감이 컸다. 동반자를 잃은 내 마음은 갑자기 몇 년 더 늙어버린 80대 노인이 되었다.

그동안 나는 차의 동력 때문에 젊은 날의 자신감이 그대로 유지되어 온 것일까? 동반자를 떠나보내는 아쉬움 속에 갑자기 발이 묶인 나는 지난 삶을 돌아보게 되었다. 동반자 덕에 가고 싶은 곳, 먹고 싶은 것, 다른 사람에게 봉사하는 일 등 마음만 먹으면 할 수 있었는데 지금은 사는 재미가 없어졌다. 한편으로는 그동안 너무나 여유 없는 삶을 살았다는 생각도 들었다. 어쩌면 내 나이에 맞지 않는 벅찬 삶을 살고 있었는지 모른다. 자가용이 없어지고 나니 가족 간에도 변화가 생겼다. 이제 나를 찾지 않고 각자의 일을 알아서 해결하려고 마음을 굳힌 것 같다. 내가 없어도 가정사는 잘 돌아갔다. 가족의 주변 사람이 되니 내 어깨가 무척 가벼워졌다.

혜민 스님의 『멈추면 비로소 보이는 것들』이라는 책에서 "말과 음악이 아름다운 까닭은 말과 말 사이, 음표와 음표 사이에 쉼표가 있기 때문이라고 한다." 나는 쉼표가 주는 아름다움과 즐거움을 너무 늦게 알았다. 이제 마음의 안정을 찾고 주변을 정리하며 내 안식처를 꾸미려 한다. 버스 정류장에서 10여 분을 기다리며 버스를 타니 지루하기는 했지만, 가을의 파란 하늘에 둥실거리는 뭉게구름도 보인다. 어느새 물들어가는 단풍잎을 보면서 벤치에 앉아 생각한다. 나는 내 삶의 전환점을 오히려 반기면서 쉼표가 주는 평안과 아름다움을 가꾸어야겠다고….

†

남양주의 로컬푸드

남양주에는 자연의 호사를 누리며 살 수 있는 공간이 많다. 울창한 숲을 이루는 산이 많고 북한강 변의 '물의 정원'은 계절 별로 다양한 꽃이 만발하여 명소가 된 지 오래다. 여기에 맑은 햇살과 깨끗한 공기는 덤으로 따라온다. 내가 이곳 남양주에서 10여 년 살면서 가장 자랑하고 싶은 것은 청정지역에서 자란 채소를 실컷 먹을 수 있는 것이다. 코로나로 체내 면역력이 절실한 요즘, 자연산 채소로 보약 같은 에너지를 공급받아 이겨내고 있다.

진접읍 연평리에는 남양주에서 농사를 짓는 사람들이 직거래하는 로컬푸드 상점이 있다. 이곳에서 파는 채소는 착한 가격에다 맛도 일품이다. 나는 어린 조선호박을 좋아한다. 조선호박은 둥글고, 반들반들하며 연둣빛을 띤다. 누가 호박을 못난 얼굴에 비유했는지 항변하고 싶을 정도로 예쁘다. 어릴 적, 할머니가 무쇠 솥뚜껑을 엎어 그 위에 기름을 두르고 부쳐 준 호박 부침개가 먹고 싶어 한 개 샀다. 조개를 넣어 볶은 호박 나물이 생각나, 또 한 개 샀다. 지인들이 생각나서 몇 개 더 사고, 다른 채소도 많이 샀다. 사람들이 선물을 받으면 감탄할 것이라고 상상하면서…. 그러다 보니 장바구니에 채소가 수북하다. 계산원은 자주 오시는데 웬 호박을 이렇게 많이 샀느냐고 묻는다. 마음이 흐뭇하고 부자가 된 기분이라 웃기만 했다. 채소 가격은 하나에 천 원 남짓하여 많이 사도 2만 원도 안 된다. 채소를 받은 지인들은 귀한 것을 맛있게 먹었다는 인사말과 함께 비싼 물품으로 답하는 사람도 있다. 작은 것에 고마움이 넘친다.

로컬푸드 상점의 매력을 잊을 수가 없어 동두천시에 있는 로컬푸드 매장에 찾아간 적이 있다. 기대와는 달리 채소는 거의 없고 그곳에서 생산되는 특산물의 가공식품만 있어 그냥 나왔다. 올봄에 다산 신도시로 이사 오기 전, 가장 미련이 남은 곳은 로컬푸드였다. 식도락을 즐기며 행복했던 시간이 이제 쉽지 않다는 생각에 매우 섭섭했다.

며칠 전, 땡큐 버스 90번을 타고 그리워하던 로컬푸드를 다시 찾았다. 조선호박, 상추, 고추, 깻잎 등 각종 채소가 나를 기다리고 있었다. 이곳 직원은 오랜만에 왔다고 반가워했다. 가격은 여전히 천 원짜리가 많다. 내가 가져갈 수 있을 만큼 꾹꾹 눌러 담았다. 집에 돌아오자마자 저녁 반찬을 준비했다. 채소의 고유한 맛을 살리기 위해 새우젓을 조금 넣고 호박볶음을 했다. 상추쌈도 내놓았다. 남편은 로컬푸드에서 사 온 채소는 맛이 다르다고 하며 앞으로는 혼자서 채소를 사러 간다고 한다. 진접에서 먹을 때는 느끼지 못하다가 이사 온 후에야 그 맛을 알아주는 것 같았다.

남양주에 사는 농민들은 자연을 닮아서인지 심성이 착하고 욕심이 없다. 로컬푸드는 소비자에게 채소류를 그저 퍼주는 상점이다. 요즘 노동자의 최저임금은 해마다 상승하는데 채소의 가격은 7년 전 로컬푸드의 문을 열 때의 가격 그대로이다. 애지중지 키워 소비자에게 올 때까지 얼마나 노고가 많았을까! 그에 비하면 호박, 상추를 천 원에 사기는 송구스럽다. 농민들의 수고한 대가를 어느 정도 반영하여 운영하는 것이 더불어 살아가는 삶의 방식이라고 생각한다.

그동안 나는 남양주에서 소소한 즐거움에 취해 살았구나 싶다. 코로나19를 접하며 남양주의 자연 친화적 환경이 더욱 소중하게 여겨진다. 자연은 무한한 사랑을 품고 있어, 그와 소통하며 위로받고 힘을 얻는 것이 아닐까 싶다. 삶의 행복은 큰 것에 있지 않았다. 나는 청정지역의 자연 산물을 먹고, 나누며, 행복한 노년을 보내고 있다. 자연에서 생산된 호박 속에는 어머니 품속 같은 사랑이 녹아 있어 달콤하기도 하다. 감사하고 행복하다.

†

집콕의 동반자

코로나19가 곧 사라질 것으로 기대했지만 오히려 확산하고 있어서 걱정이 이만저만 아니다. 또 언제 끝난다는 확신도 없으니 불안하기까지 하다. 코로나19 확진자 중에는 60대 이상이 24%를 차지하고 치명률도 높다고 하니 고령자들은 더욱 조심해야겠다는 생각이 든다. 코로나19는 전염성이 강해 비대면 사회로 전환되면서 정신적 무력함, 우울감도 크다. 온 국민이 협력하여 하루속히 코로나19를 퇴치해야겠지만 내 건강은 내가 지킨다는 생각이 절실하다. 나는 집에 머무는 시간을 '집콕의 동반자' 손뜨개로 유익한 시간을 보내고 있다.

내가 손뜨개를 시작하게 된 계기는 내 머리에 맞는 모자를 상점에서 구할 수 없어 직접 만들어 보자는 생각에서였다. 젊은 시절, 소품을 만들어 본 경험이 있어 자신감을 가지고 시작했다. 실과 바늘은 동대문 종합시장에서 구입하고 도안은 도서관에서 손뜨개 책을 빌려서 모자를 뜨기 시작했다. 어느 날은 빨리 완성해 보고 싶은 마음에 밤늦은 시간까지 뜨다가 눈도 침침하고 어깨가 아파서 하는 수 없이 잠자리에 들기도 했다. 완성된 모자는 왜 그렇게 예쁜지, 잠이 깨면 거울 앞에서 모자를 쓰고 18세 소녀가 되기도 했다. 그 예뻤던 모자가 지금 뜬 모자와 비교하면 우습고 부끄럽기만 하다. 제 눈에 안경이었나 싶다.

이렇게 시작된 모자 뜨기는 교회 청년부에서 동아프리카 탄자니아 신생아에게 모자를 만들어 주는 일에 도움을 주기도 했다. 그곳은 더운 나라지만 밤에 기온이 내려가 신생아들이 저체온증으로 생명이 위태로워 따뜻한 모자가 필요하다고 했다. 나는 어린이 모자를 만드는 데 필요한 부드러운 실과 바늘을 준비하고 청년들이 쉽게 뜰 수 있도록 견본을 만들어 가르쳤다. 그들은 열심히 뜨기 시작했으나 개인차가 많았다. 같은 시간에 여러 개를 뜨는 사람이 있는가 하면 겨우 하나 완성하는 사람, 중간에 포기하는 사람도 있었다. 완성품의 숫자보다 마음을 같이 하여 함께한 것이 의미 있는 일이었다.

청년들이 모자를 뜬다는 소문이 나자 교회 어른들도 동참하여 120여 개의 모자를 만들어 전달할 수 있었다. 또 이 모자는 탄자니아에 보내기 전에 성탄절 크리스마스트리를 장식하여 예수님의 탄생을 축하하기도 했다. 모자 뜨기에 동참한 어른들은 자신들이 쓸 모자를 만들고 싶어 하여 종로 5가 뜨개방을 찾았다. 마음에 드는 모자가 있어 재료를 구입하니 만드는 법도 가르쳐 주었다.

내가 만든 모자를 쓰고 외출하던 어느 날, 지하철 승강기 안에서 한 노인을 만났다. 그는 나를 한참 바라보다가 큰 소리로 말을 건넸다. "내가 60년도에 이수일과 심순애 연극을 한 사람인데 내가 이수일 역을 맡은 사람이요, 이 모자는 심순애가 쓴 모자인데!" 노인은 내가 쓴 모자를 보고 불현듯 젊은 날의 추억이 되살아나는지 승강기에서 내려 나와 헤어지면서까지 "어쩌면 그렇게 똑같은 모자냐."라고 혼자 중얼거렸다. 내가 쓴 모자가 옛날 연극 무대 주인공의 소품으로 사용되었다니 기쁘고 유행은 돌고 돈다는 생각이 들었다.

집콕의 동반자, 손뜨개 소품은 교회 바자회에서 판매되어 전액 어려운 사람을 돕는 일에 보탬이 되기도 했다. 지인들에게 선물로도 전달되었는데 세상에서 하나뿐인 귀한 것이라고 무척 고맙게 여겼다. 나도 내가 만든 작품을 다른 사람이 잘 사용하는 것을 보면 말할 수 없이 기쁘고 새로운 인연에 감사한다. 손뜨개가 뇌 건강과 치매 예방뿐만 아니라 작품이 완성되었을 때의 기쁨, 행복 호르몬이 분비되어 정신건강에 좋다고 생각한다.

요즘은 스마트폰에서 핀 인터레스트 앱을 깔거나 유튜브, 온라인상에서 도안을 얻고 손뜨개를 배울 수 있다. 지금은 집에 남은 자투리 실로 욕조를 닦는 수세미를 짠다. 수세미 안쪽에 양파망을 넣어 쓰다 남은 비누 조각을 넣어 사용하면 일석이조의 가치가 있다. 아무도 만들지 않는 나의 창작품이다. 연금지에 소개된 웰에이징 실천가이신 이군보님은 91세에도 아홉 살 소년 같은 마음으로 새해를 맞이할 수 있는 비결은 호기심이라고 전한다. 새로운 일에 호기심을 갖고 끊임없이 도전하는 사람은 건강한 사람이다.

코로나19와 싸움에서 승리하려면 적을 알고 나를 알면 백번의 전투도 두렵지 않다고 손자병법에서 말하고 있다. 만물의 영장이라고 자처하는 인간이 코로나19를 이겨내겠다는 긍정적 강한 정신력을 가져야 한다. 자신의 체력에 맞는 취미활동을 통하여 당면한 위기를 지혜롭게 극복하고 건강한 일상으로 돌아가야 할 것이다.

†

공모전

고희를 넘긴 나이에 글쓰기를 시작했다. 그동안 살아온 이야기를 글장으로 남겨 두고 싶어서였다. 처음에는 내가 하고 싶은 이야기를 글로 나타내기만 하면 다 되는 줄 알았다. 그러던 어느 날 내가 쓴 글이 황무지의 잡초처럼 제멋대로 심어졌다는 것을 깨닫고 글쓰기 배움터를 찾았다.

글쓰기 공부를 하는 곳은 각 자치단체의 행정복지센터에 있었다. 지도 교수님은 주 1회 글쓰기 강의를 하고 글쓰기 카페에 올린 글을 첨삭해 주셨다. 교수의 지도를 3년 정도 받으면서 글쓰기에 대한 틀이 조금씩 잡혀가기 시작했다. 글쓰기 카페에는 '도전! 문학 공모전' 난을 마련하여 각종 문예전에 참여할 기회도 제공했다.

몇 년간 글쓰기를 배우고 나니 내 작품의 평가를 받고 싶어 공모전에 참가했다. 일상 글쓰기 때보다 마음 자세부터 달랐다. 온 마음이 작품에 쏠려 길을 가다가도 글감이 생각나면 마음에 담아 안고 돌아와 출품작에 기록했다. 신랑 앞에 서는 신부처럼 잘 보이고 싶어 정성스럽게 다듬어 제출했다.

작품을 출품하고 발표 날을 은근히 기다렸다. 나의 글이 제일 멋지다는 착각 속에 즐겁기도 했다. 바람이 현실이 되었다. 드디어 당선 소식이 전국여성문학대전 공모전에서 왔다. 먼저 나의 인적 사항을 확인했다. 나는 기쁨을 뛰어넘어 대답을 잘못하면 상이 달아날까 봐 큰 소리로 이름과 생년월일을 또렷하게 말했다. 수필 부문에서 최우수상에 당선되었다며 축하 인사를 전했다. 내가 글쓰기를 하고 처음 받는 상이라서 그런지 꿈만 같았다. 먼저 지도 교수님께 수상 소식을 전하고, 가족과 친구들에게도 어린아이처럼 자랑하면서 달뜬 마음으로 몇 날을 지냈다.

한번 상을 받고 보니 그날 이후로 대단한 작가가 된 것 같았다. 다른 공모전에도 출품하고 혹시 소식이 오려나 내심 기다려 보았지만, 발표일에 소식이 없었다. 글쓰기 배움터에서 함께 한 사람들도 출품했기에 누가 당선되었는지 알고 싶어 남양주 시청 홈페이지에 들어가 보았다. 수상자를 확인하다 깜짝 놀라지 않을 수 없었다. 내 작품이 수필 부문 '대상'에 올라와 있고 함께 글쓰기를 한 다른 사람도 있었다. 처음엔 나의 눈을 의심하다 정신을 차리고 다시 확인해 보니 틀림없었다. 지도 교수님과 수상자 명단에 올라온 사람에게 당선 소식을 알렸다. 우리 글쓰기 배움터에서 수상의 풍년을 맞이한 셈이다.

나는 또 지인들에게 수상 소식을 알리며 야단법석을 떨었다. 상금은 얼마 받았느냐고 묻는 사람도 있었다. 살펴보니 내가 수상한 두 곳은 상금이 없는 단체였다. 달리는 말에 채찍을 때리듯 이번에는 상금이 있는 곳에 도전장을 내밀었다. 수상 대열의 끝자락에라도 매달려 상금을 받아 한턱 내고 싶은 욕심도 났다. 당선 소식을 은근히 기다렸으나 혼자만의 기대에 그치고 말았다.

설령 공모전에 떨어지더라도 다른 사람의 수상 작품을 분석하여 얻는 수확도 있다. 수상에서 탈락하고 느낀 점은 공모전에서 가장 중요한 것은 주최 측의 목적에 맞는 글을 써야 심사 대상에서 제외되지 않는다. 코로나19가 유행하던 시기에 여행객이 줄어 도서의 경제가 어려운 시점에 해양수산부가 주최한 공모전에 작품을 낸 적이 있다. 나는 어릴 때 겪었던 섬마을의 추억을 나름대로 글로 표현했다. 상을 받은 작품은 몇몇 회원끼리 섬마을을 여행하며 맛집을 두른 내용이었다. 물론 그 외 문학성, 창의성 등 여러 가지 주안점이 있겠지만…. 주제의 적합성이 가장 중요하다.

글쓰기 공모전은 사람의 잠재력을 일깨우며 열심히 달리게 했다. 읽고 또 읽으며 글쓰기와 씨름하다 보면 자연히 글쓰기는 발전하게 된다. 그 외에 글쓰기가 주는 긍정적 힘은 크다. 자신의 내면세계를 나타낼 수 있어 정서적 치유도 가져온다. 인간관계와 아름다운 자연이 글의 소재가 되어 삶을 풍요롭게 만든다. 늦게 시작한 글쓰기는 학습만으로는 한계가 있다. 글쓰기도 젊은 날에 시작하는 것이 좋다. 수상의 기쁨을 누리게 한 지도 교수님과 같은 길을 걸으며 격려해 준 문우들께 감사드리고 싶다.